Liebeswege

Gereimte Facetten

von Karl-Peter Gerigk

Herstellung und Verlag:
BoD – Books on Demand, Norderstedt
ISBN 978-3-7322-3840-8

An einem Starken Stamme

An einem Zweige strebt ein Grün,
mit einem starken Baum –
und viele kleine Blättchen müh´n,
noch zart und weich am Flaum,
zu werden wie der Stamme.
Ein leichter Hauch, bewegt den Zweig,
er wiegt sich fein im Winde –
und kleines Grün: „Ich mich nicht neig´ –
durchbrach doch schon die Rinde:.
"Ich will hier wachsen und will sein".

Am Fuße sitzt der Knabe -
umwuchert der Baum vom Efeustrange,
und sieht hoch – bis in die Spitze,
denkt: „Das Leben hier - ist wohl schon lange".
Es ist als küsst die Sonne ihn –
auf seine rosig Wange.
Und hin und her – die Äste wiegen,
der Strom aus tiefer Erde nährt,
Blatt und Zweige stärker werden -
denkt: „Will nur im warmen Schatten liegen,
welch´ schöne Zeit, die mir hier währt".

„Schlafe nicht" säuselt es mit Windesstimme –
das Leben hier - nicht ewig ist –
der Tage spricht - was Dir bleibt,
gutes Werk – im Sonnenlicht,
handele in „Liebe" und nutze die Zeit.

Selig Hoffen

Hast Du je an einem Ort,
gelesen und gehört,
der Frohen Botschaft wahres Wort,
kein böser Geist Dich mehr stört.
Es ist im Guten stets gewollt,
was Gott für Dich erdacht,
woran Du Dich erfreuen sollst,
der ganzen Schöpfung Pracht.
Du bist ein Teil von dieser Welt,
von universellem Walten,
der Herr in seiner Hand Dich hält,
Deine Seele kann nicht erkalten.
Bist Du auf gutem Wege hier,
wird auch im Jenseits offen,
für Dich die hohe Himmelstür,
es ist ein selig Hoffen.

Ziemlich Ungewollt

Gerade hab´ ich einen Flaum,
unter meiner Nase,
und jede Nacht ´nen feuchten Traum,
es ist, als drückt die Blase.

Wenn ich umhergeh´- in der Stadt,
seh´ ich überall nur Beine,
und merke wohl, dass jeder Blick,
wenn eine ist alleine,
zielt ab auf mein erstes Glück.
Doch ist es wirklich ein Geschick?

Mein Kumpel sagte – denke nur,
ich hab´ in der Woche neune,
in der Schule, auf dem Flur,
und abends in der Scheune.

Wenn ich dann seh´ - den kurzen Rock,
kann ich kaum noch gehen,
neben ihr - ein Mann mit Stock,
kann sie denn widerstehen?

Ich fass´ - mir Mut (?)– und sprech sie an,
sie gibt mir eine Nummer,
die ich bald anrufen kann,
für einen kleinen Schlummer.

Ich tu´ es wirklich,
sie sagt: Ja komm´ - um elf Uhr bei mir im Hause.
Ich geh hin – und siehe da:
Sie beglückt mich in der Laube.

Dies machen wir vier Wochen lang,
dann kam ihrer Tochter,
danach war ich bei Schwestern dran,
sie hat ja auch ein Bette – dann:

Und Freundinnen haben sie - allerlei,
und ich kam auf meine Kosten,
bei solcher Freude, auch mit drei,
da kann kein Dinge rosten.

Der Spaß verging mir in einer Nacht:
Papa sollte auf Reisen,
über den Balkon – eh´ ich gedacht,
wollt er mich aus dem Haus verweisen.
Bin nun in Ehe mit der Jüngsten - hold,
und der mein Schwieger – auch Vater bald,
alles ziemlich - ungewollt!

Eifelquellen

In Andernach
am Rhein
spuckt kalt
aus tiefem Stein
und immer wieder
die Unterwelt
mit ganzer Kraft
Erdensaft
und zeigt
uns dort
ihr Leben.

Eifelquellen:

Auf und ab,
so geht es eben.

Und tiefer Innen,
da ist es Dir warm -
und tiefer noch,
da ist es heiß -
Eifelquellen: Erdenschweiß.

Mit Eisen und gelöstem Stein
koste – ist es Dir nicht gut:
So süß wie Wein
und rot wie Glut.
Eifelquellen: Erdenblut.

Bei Dir

Von Deinem Haupt erstrahlt die Sonne,
aus Deinem Munde spricht die Liebe,
dass gute Worte zu mir komme,
es erwecke edle Triebe.
Dein Tun erfülle alle Wesen,
die im Erdenkreise leben,
aus Deinem heiligen Buch zu lesen,
ermögliche ein starkes Streben.
Du bist allgegenwärtig – überall zugegen,
beim kleinen Kind – im Bruderkreis,
behütest mich auf allen Wegen,
...auf das ich immer um Dich weiß.
Bleib´ bei mir in schweren Stunden,
auch in guten Tagen mein Gebet,
mein Glück hab´ich bei Dir gefunden,
dass ich auf ewig bei Dir leb´.

Ein anderes Mahl

Ein langer Hals,
ein goldner Kopf,
umwickelt mit Papiere.
Was ist dort inne?
Sag es mir!
Sieht aus wie von der Niere.

Verjüngt sich leicht,
auf starkem Fuß,
ein Schluck steigt in die Nasen.
Dort, wo die Füllung ist am Rand,
prickeln die kleinen Blasen.

Langsam entwirbeln diesen Draht,
und ziehen an der Strippe,
ein kleiner Schluck - ist guter Rat,
ich feuchte mir nur die Lippe.

Am Korkenkopf, mit harter Hand,
dreh´ und drück´ ich um die Mitte,
bis das es knallt,
dann spritzt der Sekt ...,

auf eine zarte Bitte:

Ein gutes Fläschlein von der Ahr zu nippen,
Erdbeer und Sahn´ dabei zu stippen –
ist gut und bringt den Geist in Laune,
ich es in das Ohr dir raune:

Beim gutem Essen und beim Trinken –...

Ein anderes mal - dann Bier mit Schinken.

Der Rose gleich I

Du stehst bei mir,
nah an meinem Herzen,
ich glaube Dir -
erzählst von warmen Märzen,
die Du erlebst,
an jedem Tag.
die halten Deine Seele,
in Waage -
von erwachendem Leben,
im Frühling -
jedes Jahr aufs Neue.

Betrachtung

Auf einer Lichtung helle,
da ruht ganz in Natur,
auf moosig weicher Stelle,
`ne herrliche Figur.

Sie ist ganz blond und bleiche,
schneeweiß ist ihre Haut,
im Schatten einer Eiche,
der Einsamkeit vertraut.

Der Förster sieht sie liegen –
und kommt ihr langsam nah´,
vom Wind die Blümchen wiegen,
die Bäume stehen rar.

Er schaut sie durch sein Rohre,
an seiner Flinte dran,
und denkt an Eleonore,
sein Weib – und er ihr Mann.

Sein Auge tut sich weiden,
es ist ihm eine Lust,
er schaut nicht auf die Weiden,
er blickt auf ihre Brust.

Sie scheint ihm schlafend stille,
die Augen geschlossen beid´,
es kommt ihm starker Wille,
doch will er ihr kein Leid.

Er schleicht auf eine Elle,
schon könnte seine Hand,…
kommt ran – nicht auf die Schnelle,…
die Schöne am Waldesrand.

Er schmeckt schon ihren Atem,
da trifft sie ihn mit Blick,
was nun kommt – ihr könnt es raten –
es ist ein alter Trick.

Sie nimmt rasch ihre Kleider,
und läuft zum Dickicht fort,
der Förster denkt: „Na leider"-…
kam noch oft an diesen Ort.

Doch so sehr er nach ihr schaute –
er fand sie nicht mehr auf,
jetzt sitzt er mit ´ner Laute,
und sinnt den Jahreslauf.

Malend

Lagsam öffnet sich mein Auge
gleiten meine Blicke,
über Deine weisse Haut,
und wer dich anschaut,
ist – zum Glücke,
niemand der Dir beraubt,
Dich – um Deine Eigenart:
Fügst Dich ein - zart –
erscheinst ganz klein- apart!

Der nicht will verdrehen,
was Du scheinst und bist,
will Dich ansehen,
betrachten ohne List,
zu nehmen was Dich ausmacht,
wäre eigensüchtige Niedertracht:
Bewacht und
unberührt –
nicht verführt!

Ich sehne Dich vollkommen,
wie Du Dich bewegst,
hast mich nicht vernommen,
wie Du hier vor mir stehst,
ganz in unverfälschter Natur,
bedeckt Dich dass Sonnenlichte nur.
Vergebung,-
Reinheit. -
in Benehmen.

Schmeichelt Dir der Wind,
in Deinen rotgoldnen Haaren,
umspielt Dich wie bei einen Kind,
das Grün auf weichem Rasen,
liegst Du nun – ruhig, schlafend,
hörst des Vogelsang –
harfend Klang:
Helle und Stille -
gezügelter Wille.

Geh´ ich von Dannen,
bin wie Du – hier ohne Namen,
gleich aus einem Sinne,
mit leichtem Schritte – vor mich hin:
Werde behalten dieses Bildnis,
Feinheit in der Wildnis -
wie ich Dich sah –
wie ich Dich nahm wahr – so soll es sein:
Auf Leinwand – unerkannt
- und fein!

Parademarsch

Auf der Straße, das man´s sieht
mit festem Schritt, in Reih´und Glied,
zum Takt der Trommel und Posaune,
fesche Burschen, – dass macht Laune!

Auf dem Balkone, stehn die Madl´n,
winken ein, den Herrn Major,
schauen verzückt auf stramme Wad´ln,
es klingt das Glockenspiel im Ohr.

Und es knirschen lederne Stiefel,
die Hufe mit dem Eisen klingen,
in der Magengrube Tiefe,
und volle Männerstimmen singen:

Oh du schöner Westerwald,
...auf das es von den Mauern hallt.

Das Sträusschen fliegt zu dem Tambor,
er steckt es an das Schulterstücke,
und spielt auf der Trompete vor -
denn mit Musike -
nach dem Marsch,....
ist feucht das Auge,
vor lautem Glücke!

Ein Weg

Wenn ich durch diese Fluren geh,
vorbei an Eich´ und Linde,
in jeder Blume ich Dich seh´ -
und such´ – auf das ich finde.
Sitz im Café,
bei einem Tee -
und die Gedanken kreisen,
schau auf den Wald -
in Tannen-Höhen
– ob sie den Weg mir weisen.
In meiner Stub` – bei einem Wein,
kann ich an Dich nur denken,
Dein ganzes Wesen ist mir rein,
und meines will ich Dir schenken.

Darum bin ich stets an Deiner Seit`,
denk´ mich in Deine Leiden,
bleib´ bei Dir, in jeder Zeit -
und Freude wird uns beiden.

Paradestück

Ich greif´ in Deinen Beutel,
und nehm den Heller raus,
es kommt die ganze Meute,
zu Feiern in Brauß und Sauß.
Du zahlst mir das ganze Feste,
auf das es völlig sei,
für Freunde oder Gäste,
das ist mir einerlei.

Es ist mir großes Glücke,
mit euch zu feiern heut´,
es lab´ uns jedes Stücke,
und ewig sei die Zeit.
Eine gute, fette Haxe,
und ein frisches Bier,
der Bauch mir kräftig wachse,
es sei zur Wonne Dir.

Die Schwellung ist mir spaßig,
und sie soll es dann auch sein,
doch fresse nicht zu hastig,
es soll ja alles rein.
Und wieder, deutsche Lieder –
es ist ein munteres Spiel,
der eine ist mir zu bieder,
der andre red´ zu viel.

Es steigt der Saft vom Fassel
ist hell, golden,- ich seh´ das Ende - dick,
ein herrliches Gemassel,
ein wunderbares Stück.
Immer wieder ich mich ducke,
hinein in meinen Schlund,
will ich den vollen Scklucke,
und trinke ohne Grund.

Das schmiert mir meine Kehle,
und strömt in meinen Bauch,
wenn ich der Liebsten fehle,
egal ist mir das auch – denn -
all´das gehört zum Leben,
ein Nehmen und ein Geben,
Wein, Weib und Gesang,
beim dumpfen Trommelklang.

Es ist ein schöner Brauch,
zu Karneval, mit rundem Bauch,
zu schunkeln und zu munkeln,
mit der Marie der Funken!

Gelagestund

Es speist der Ritter, beim Gelage -
vom Ochsen, Schwein – und von der Gans,
und schüttet sich den langen Tage,
das Bier – in seinen fetten Wanst,

- an seiner Seit´, die edlen Frauen,
zieren nur den, der Gutes tut´,
und des Treuen, helle Augen,
erwachsen will der frische Muth,

- bringt der Knappe, von dem Schilde,
trägt herein, den guten Wein,
an der Wand, des Herren Bilde,
kann er für uns das Maße sein?

Sitzen auch, die holden Weiber,
singen von der Waldeslust,
fest die Mieder´, schnürn die Leiber,
pralle ist, die weisse Brust.

Bechert der erste, an dem Tische,
schlingt hinein, und grüßet "prost",
vom Hirschen und vom wilden Fische,
und einer bringt den Tafeltost -:

" Sitzen wir hier all´ heut Abend,
um zu feiern uns´re Freud´,
das Mahle sei´ und wohl und labend,
weil am Ende: Sind wir alle breit".

Auch die lieben Marketender,
nippen fein an ihrem Sekt,
"...ist der Herr doch ein Verschwender!
Wo hat er denn den Schnaps versteckt?"

Und wenn einer hat verkostet,
oder gar, ganz falsch gesoffen,
kommt es vor, dass er dann kotzet,
dem Knechte hat der aufs Bein getroffen.

Seid nicht wunder, über Formen,
jedes hat so seiner Zeit,
doch manches ist auch ab der Normen,
wenn die Broken schmücken´s Kleid.

Es ziemet sich in mancher Stunde,
ganz bei sich zu sein – allein,
und zu denken – ohne Kunde,
was wird vom Gestern, das Morgen sein?

Luststück

Ich schau auf Deine Hose,
geb´ mich – wie wie eine Fee,
Ich heiß Eleonore -
und öfter ich hierher geh´.

Ich pudre meine Nase,
so - das Du es nicht merkst,
ein Mittel – Du mein Hase,
es Deine Schenkel stärkt.

Es ist mir gewolltes Glücke,
die prächtiger Natur,
drum will ich das ganze Stücke,
unverstellt und pur.

Die Lage ist mir spaßig,
und das soll sie dann auch sein,
stammle mir nicht süß und hastig,
seiest Du auch gemein.

Komm Du, ich geb´mich bieder,
Stramm schnür´ ich das Mieder,
Und wieder, immer wieder,
kracht mir auch das Leder.

Golden steht der Saft im Becher,
ich setz´ ihn an den Mund -
ich nehm ´s von jedem Zecher,
hinein in meinen Schlund.

Zur Theke ich mich ducke,
ach wie ich Dich kraule,
ich will den vollen Schlucke,
´Du – mein lieber Paule.

Das Bier schmiert mir die Kehle,
und strömt in meinen Bauch,
was du mir hast gegeben,
genau das, will ich auch!

Koste es auch ein Pfund -

gern tu ichs Dir kund:

Den Spaß und Lust am Leben!

Bezahlstück

Ich sehe durch Deine Hose,
nicht auf das Portemonnaie,
und hol´ aus meiner Dose,
den Zucker mit was Schnee.

Damit pud´re ich Deine Nase,
so - dass Du es nicht merkst ,
das Mittel – Du mein Hase,
es Deine Lenden stärkt.

Es ist mir gar ein Stücke,
von prächtiger Natur,
ich mich danach bücke,
mit einer Blöße nur.

Die Schwellung ist mir spaßig,
und das soll sie dann auch sein,
doch rammel mir nicht zu hastig,
denn tief soll´s in mich rein.

Und wieder, immer wieder,
kracht mir auch der Arsch,
mein Mann ist mir zu bieder,
ich mag es nun mal harsch.

Es steigt der Saft vom Sacke,
schon blau ist das Ende - dick,
was herrliches Geknacke,
ein wunderbares Glück,

Zum Schwanze ich mich ducke,
gib´s mir in mein Maul,
ich will den vollen Schlucke,
und lecke gar nicht faul.

Das schmiert mir meine Kehle,
und strömt in meinen Bauch,
was du mir hast gegeben,

bezahlen tut ich es auch!

***Wenn Du mir auch Nerven kostest,
ist es besser – als wenn man rostet,
zu lieben mit Lust und Laune -
Hörst Du auch schon das Geraune?***

***Die Dame und der Herr da drüben,
wollen sich im Lieben üben!***

Schnurri

Auf dem Wege an die Lahn.

In einer alten Eisenbahn,
setze ich mich auf den Platze,
im Abteil zur Lahn,...und...
da kommt ´ne Frau mit Katze.

Sie setzt sich gegenüber,
und trägt n´nen Minirock,
ich schaue zu ihr herüber,
die Haare sind gelockt.

Sie legt ein Tierchen auf das Beine,
und krault es unterm Bauch,
die Katze hat ´ne lange Leine –
und schurren tut sie auch.

Ich frag´ sie nach der Rasse,
das Tier ist leicht behaart,
wir sitzen hier in erster Klasse,
heut´ wird halt nicht gespart.

Sie erzählt mir von Ägytpten,
die Mieze faucht ganz zarte,
sie streichelt in Elypsen,
und setzt schon an – ich warte.

Da springt sie auf den Schoß,
und leckt an meinem Finger,
die Hand, den Arm – was mach ich bloß –
was macht es da für Dinger.

Wie Samt fühl ich das kurze Fell,
und gleite langsam drüber,
schaue in die Augen hell,
mir ist es gar nicht lieber.

Kann mich nicht beherrschen mehr –
und will sie heftig fassen,
mit scharfer Kralle, zeigt sie mir,
ich soll es lieber lassen?!

Jetzt hüpft sie wieder in das Körbchen,
ich seh´ das kleines Grübchen –
die Damen lacht mich freudig an –
sagt: „…heißt ´Schnurri´ ...

und ist mein Liebchen"

Zur vollen Stunde ... an der Ahr

Ich kam daher von Blankenheim,
entlang der Eifelhöh´n
da sang mir hold ein Vögelein,
"Das Ahrtal musst Du sehn" -:

Drum schnürrt ich meine Stiefel fest,
und wanderte entlang,
ein Vogelflug von Nest zu Nest,
das Liedchen es mir sang:

**Am grünen Strand´ der blauen Ahr,
treffe zur vollen Stund,
ein Madl mit wohl schwarzem Haar,
und küsse ihr den roten Mund.**

Sei ganz still, ein Täubchen gurrt -
von einer Sommernacht,
völlig ist die Rebenfrucht,
die hier die Sonne macht:

- die roten Trauben von der Ahr,
wachsen am steilen Hang,
sind für Gast und Winzer da,
und bleiben im Glas nicht lang.

Refrain

Und wachst Du auf, am Morgen früh,
gebechert die ganze Nacht,
zahlst Du gern des Winzers Müh,
denn selten wird so gelacht:

Du fragst den Wirt dort nach der Magd,
die Dich ganz lieb´ verwöhnte,
in einer Nacht voll Modenschein,
und Bacchus, ...ist der gekrönte.

Es ist die Ahr, die wie ein Traum,
wirklich ist hier der Weine,
geliebet hast Du der Venusschaum,
trink besser nicht alleine!

Refrain

Ich spüre still -

im meiner Brust,
wenn Du vor mir erscheinst,
den straken Will´,
und brunstig Lust,
all´was Du mir verneinst.
Mein Kopfe ist durchwirkt -
bei jedem Ansehn Deiner,
fühl mich wie eingekerkt,
vernehm mich immer kleiner,
egal wo ich hier bin,
ich singe vor mich hin:
Bei einem roten Morgenrot,
hab ich Dich gesehen,
hatte weder Wein noch Brot,
und wollte zu Dir gehen -:
Treff Dich am Abend an der Stätte,
mit eine Blick nur an der Kette,
trink mit Dir den Weine rot,
und fühl mich am nächsten Morgen tot.
Nun lauf ich umher wie irre,
und weis nicht mehr - woher, wohin,
gekauft mir glänzendes Geschirre,
noch schwant mir leise – wer ich bin?
Egal – auch dies, es ist der Triebe,
Gott behüt` mich vor solcher Liebe:
Das ich nur noch eines kann,
das mich versenkt in Liebeswahn.
Gnade - wenn ich ergreife,
dass - was mir nicht recht gehört,
straft mich, wenn die Lüge reife,
wenn mich kein Gewissen stört:
Nehme auf mich schweres Kreuze:
Singen werden für uns Käutze,
damit die Plage hat ein Ende,
streck empor zum Himmel – Hände:
Damit der Geiste leichter wird,
und sich besinnt auf Norm und Wert,
damit die Seele nicht mehr irrt,
auf das der Weltenrichter hört -
durch die Sphären vom Schein zum Sein,
bin nicht bei mir, bin nicht mehr mein:
  Erlöse mich von diesem Joch,
  will bessern Körper und auch Seele,
– doch! Dies ist ein Weg – dich machner höhnt,

 – bei gutem Willen – Kraft sei gegönnt!

Die dürre Distel

An einem Brunnen, tiefen
da steht ein junges Blut
aus den Augen, blauen, fliessen
heiß durch Sonnenglut,
die Wasser in das Loch - .
Sie fühlt ein Joch, sehr schwer
denn auf dem Kopf, der Krug,
in der Hand die Gulden -
und in der Magengrube,
das Knurren, wie vom Hund,
will tilgen alle Schulden
die bringen Lug und Trug,
so sagte ihr am Wegesrand,
der Zwerge aus Kummerland.
An der runden Mauer – steht die dürre Pflanze-
bedeutet – „ganz egal" -
mit jedem Schritte weiter,
das Schicksal ist fatal -
den Du gehst zum Hades
veringerst Du die Zinsen,
erhälst mit jedem Tropfen Wasser,
und jedem Stücke Brot,
ein Anteil von der Erde -
kannst kochen auf dem Herde
und tust Du es dennoch nicht -
bist Du bald tot – und beisst Sie in diese Distel.
Von der Drohung ganz erschocken,
erkennt die Zwietracht wohl,
den Munde längst voll Staub,
getrieben von den Schmerzen,
ist ihr ganz weh und taub,
gibt sie aus die Losnung,
und es wird ihr hohl,
bei jedem Schlucke,
und jedem Bissen,
und denkt – gebt mir doch Schonung?!
Der Zöllner an Landesmark:
„die Hitz´ trübet den Verstand"
gefüllt sei Dir der Dein tönern Faß,
mit guten Weiz und kühlem Naß -
und Segen dem Kinde – an der Hand -
hier: schaue die Oase,
und mit Öl für Dein golden Haar,
gefüllt ist diese Vase.
Die Früchte geben Kraft und Mut -
Dein Kreuz ist grad – Dein Herze gut.
Vergeben soll das Gewächse,
das aus der Wüst´ den ersten Tau,
den Vögeln nimmt und Bienen,
reicht es für den Termitenbau - die Lüge kann nur mimen.

Sei Still!

Du rufst mir nach!
Ich schau mich um,
es erscheint mir -
nur darum,
der ganze Tag.

Du flüsterst nur,
in dem Moment,
was man erkennt,
ist die Gestalt -
und Leben – pur.

Minuten sitze ich dabei,
erkenne nicht, was mich ummgibt,
gefesselt – wie in Trance,
streichelst mit Blicken,
ist mir der Abend -
eine Chance?

Gleichgültig!
Gleich gültig!
Bin ich Dir nicht.
Bist Du mir nicht!
Durchbricht:
Die Nacht -
des Mondes Licht?

Schritte hallen auf Asphalt.
Die Schritte – es ist nicht warm.
An jeder Seite - nur kein Halt!
Deine Blicke – .

Noch grüne Blätter wehen,
ins Gesicht,
zu Herbstfarben werden,
schaudern mich:
Weiter gehen -
weiter stehen?

In Deiner Gegenwart,
freue ich mich zu sein.
Doch sprech´ ich nicht Gedanken.
Ich rede klein.
Weil es mir gebührt -
und nicht anders kann,
weil ich nicht will,
nicht dann:

Sei still!

Abgestreift

Ich bewege lagsam,
meinen Kopf auf dem Hals:

Hin und Her!

Verstehst Du – was ich sage?
Verstehst Du – was ich meine?
Verstehst Du – was ich denke?
Verstehst Du – was ich will?

Von Dir?

Du senkst Deinen Kopf -
und hebst Deinen Kopf!

Verstehe ich - was Du willst?

Bei manchen sprechen miteinander,
sind die Worte anders.
Da sagst Du manches, was Du meinst,
und denkst dabei, "ich kann das."

Da sagen Blicke, das Gegenteil,
von der Haltung Deiner Hände.
Da hüpft der Kehlkopf:
Hinauf, hinab - und gurgelt ohne Ende.

Ein Kratzen an der Nasenspitz´,
- ich sehe Dich in lichtem Kleid?
Obwohl ich ziemlich kühl da sitz,
umschleicht mich plötzlich Warmheit.

Du redest da - von einem Schmerz,
den spür´ ich selbst in manchen Stücken,
ich mache davon einen Scherz,
will dich damit entzücken?

Was kümmert mich Dein langer Tag,
ich hoff´ jetzt bist Du spritzig,
was, von wem, wie – du es sagst,
ich tu´ - als wär das witzig.
Ich bin nur Mann - das weist Du wohl,
und kann auch nur das Eine -
zugegeben – ich bin auch hohl -
werde heute doch mal meine?
Und später gern alleine!

So ist das Reden eine Qual,
hat man ansonsten keine Wahl!

Aus Deinem Schoß

Aus Deinem Schoß
bin ich ein Spross -

Du hast mich zu Welt gebracht,
alles Schöne was ich sehe,
ist durch Gott mit Dir gemacht,
ich nicht mehr von Dir gehe.

Dein gutes Wort, die warme Hand,
streichelt Leib und Seel´,
mit Dir im wunderbaren Land,
Du linderst jedes Weh.

Du bist mir mein Leben wert,
hast immer Zeit für mich,
aus Deiner Brust bin ich genährt,
sprichst leis` was mich erfreut.

Bist bei mir – den langen Tag,
saßt bei mir, als ich krank da lag,
segnest, wenn ich schlafen geh,
tröstest ,wenn ich trübe Zukunft seh -

Dein Herzensgut -
das macht mir Mut.

Liebestrank

Nebelschwaden
durchziehen die Wälder
das Firmament siehst du nicht
Wolken verbergen
die Sonne
und der Wind
durchstreift die Blätter
leise spricht das Laub
von Wärme
die du nicht findest
im Wald
im Herbst
wenn die Trauben reifen
wird dir der Tag
die Wärme bringen

Freies Vöglein

Bin ich alleine,
mit meinem Weh,
ich in den blauen Himmel seh´,
und bild´ mir ein,
die Wolken sein -
Gedanken!
Bin ich alleine,
mit meinen Wehen,
will ich den einen Lieben sehen,
der mir gesagt,
das dieser Tag,
– ist ein Schöner!

Bin ich mit Dir,
im ganzen Heut´,
ich in die blauen Augen seh´,
bin Deine Maid
und bild´ mir ein,
die Worte Dein,
seien Wahrheit!
Trotz allem Meineids!

Bin ich mit Dir,
als Deine Weide,
will ich die Wirklichkeiten haben,
verspüre das Leiden,
das Du mir schwahnst,
das Du auch ahnst,
in Klarheit!
Und will mich daran weiden.

Bin ich zusammen,
mit den Gesellen,
will sich mir das Aug erhellen,
nur bei einem Weine,
bin ich auch alleine,
trotz Geld und Habe,
soll ich mit einer Schabe,
freudig werden – hier auf Erden?

Bin ich bei mir,
es ist mir – wie Dir,
ich fühl die ganze Leere!
Hätt´ Gott doch eine Schere!
Das er mir schneid´,
die verlogene Freud´,
hinaus aus meiner Seele -
damit ich frei kann leben,
frei wie ein Vöglein – eben!?

Panta Rhei

Es fließt in mir
heran aus meinem Leib
ein Verlangen
zu tun
mit der Zeit
die mir bleibt
zu leben
und dies mit Freuden
nicht zu vermeiden
Gelegenheiten
die sich bieten
zu schreiben
was ich sehe
und mir gefällt
zu beschreiben
und zu genießen

Es fließt heran
in meinem Leib
das Wollen –

Zu tun
für eine Freud´
mit der Zeit.

Mit frohem Muth

Mit frohem Mut – steh´ auf am Morgen,
geht freudig in den Tag hinein,
es wird ein Engel an Deiner Seite sein,
Glück und Freud´ – mit wenig Sorgen.

Siehst Du dann ein Menschenkind,
das wenig Gut und krank am Leib,
gib´ – Du linderst damit Leid,
    - gute Geister mit Dir sind.

Mahne im Beispiel den, der Schlechtes tut,
mit einem Wollen ganz im Ernst -
Du weisest damit „Handle gut".

Den Segen spenden Dir die Alten -
spreche, womit Du den Nächsten wärmst,
lass´ in Deinem Tun, den lieben Herrgott walten.

Mariensteine

Fahr´ ich entlang der Ahr,
vom Blankenheimer Quelle,
ringsum die Blätter blühen,
und grün – auf jeder Stelle.

Wächst Moos und Fahrn am Wege,
und kreist der Milan weit,
äsen dort die Rehe,
nehm´ ich mir reichlich Zeit.
Am Morgen geh´ ich über,
an des Ufers andere Seit´,
an meiner Hand – mein Lieber,
ich dich durchs Dickicht leit.

Bist nicht mein Liebster – aber,
wird es warm in meiner Brust,
ein selten stolzer Traber,
erweckt die Waldeslust.

In Wald und Flur wir wandern,
und sehen Schwein und Hirsch,
erkundest Eich´ und Ecker,
werde dabei blos nicht wirsch -,
es ist nicht wie mir andern.
Nicht forsch den Schritt zu nehmen,
lagsam gehen - durch dem Forst,
auf jeder Pflänzlein sehen,
blick´ des Adlers Horst,
hoch in den Hängen oben,
magst den Herrgott hiefür loben.

Umspült den Knöchel manche Furt,
tauchst tief hinein ins Nass,
und wenn Dir beim Weg der Magen knurrt,
trinkt aus dem klaren Fass,
den puren Schluck der Tiefe,
als wenn es für Dich nur liefe.

Denn goldne Reben reifen,
prächtig am Ahrefels,
und wilde Wasser schleiften,
den Marienstein - Du hältst,
seit tausenden von Jahren,
Berge und deren Männer - vor Dir waren:
Der Schlund der Erde speite,
nund Wasser kühlte: die Eisen-Schlacke in neuer Form,
Dort wo das Eifelauge heute: Halte fest und inne,
es leiser klinge und ein Vöglein mit Dir singe!

In der Rinde

Gedanken schweifen,
durch die Nacht- und treffen manche Seele,
und Blicke seh´n am hellen Tag,
den Sonnenschein, an weisser Steele.

Die gesetzt den tapfern Streitern,
die ohne Angst und zadern,
erstürmen falsche Eitelkeiten,
mit frommen Sinnesleitern:
Für der Menschen Freiheit,
gefallen einer vor dem Trug,
der aus Beweis und Rechnung,
meint – wenn die Zahl doch stimmig,
dann mag das eine Gleichung:
Es lacht der Logos grimmig!

So ist doch eins und eins gleich zwei,
und wenn das dann ist richtig,
mag plus 1, dann wieder drei,
und das ist für den Bau doch wichtig -
denn alles kommt so in die Reih`!?

Und wenn dann all` ist angepasst,
und Stein sich in die Mauer fügt,
machts kaum, wenn sich da einer maßt,
das man nun ist großer Meister,
fällt es nicht auf, wenn man da lügt!?
Endlich sind wir fertig: Eine Schöpfung:
Nun schau mal auf das hohe Hause,
alles glänzt, groß und genau,
meine Güte, sind wir schlau -
und unten auch' ne Klause!

Nun spricht ein kleiner, nackter Mann:
Ich schlafe unter diesem Baume -
bei euch ist alles abgemessen!
Doch ist es wirklich angemessen?
Es war mir schon im Traume:
Ob man darin wohl leben kann?

Ich leg meinen Kopfe auf weiches Gras,
esse Kraut und Wurzeln,
und was ich in der Rinde las,
lässt mich vor Freude purzeln:
Denn eins und eins ist mal auch drei,
und mancher denkt sich was dabei!
Es steht nicht Schweiß auf eurer Stirn:
Bei euch da les ´ich:

Gier frisst Hirn!

Bernsteinaugen

Ein Blitz entspringt dem Elektron,
weil viel sich an Dir reiben -
und teuer Schweiß, perlt aus Deiner Fron,
das Geld will´s mir Dir treiben!

Mir ist Dein Blick herzlicher Sporn,
weil ich sehe Deine Leiden,
mich sticht das falsche Wort wie Dorn,
- warum trifft es nicht die Heiden?
Versteh´ ich, warum ein Millionär,
ohne Schaffen hat nicht Last,
erzählt dem Volke Lügenmär,
und lebet feist in voller Mast?

Das "Höchste und das Gleiche" - unverschämt,
ist - das man solchem Vorbild folgt,
- wie man Gutes - auch verbrämt,
und am wahren Worte schraubt.
Damit es passt – so ungefähr,
aus Lustsucht, du verlangst.
Grölt die Menge: Gib mir mehr!
Und Du am Boden rangst.

Doch eines mag mir sicher sein,
an einem guten Tage,
sieht man Schlechtes wirklich klein,
wie in der frommen Sage.
Verzweifeln will ich nicht – bis dann,
denn jeder Morgen wirke,
und Richtung gebe mir Dein Beispiel – wann "?",
bis siegt die Glaubensstärke!

Und glauben will ich an die Liebe,
die mir Muth gibt und bescheiden,
und jede Träne tränke Dir,
Deine dürren, armen Weiden.
Zerfurcht die Qual Dir Dein Gesicht,
der Sinn prägt Lachenfalten,
und leicht wird Dir das Tonnengewicht,
- es wird das Worte halten!

Das - Liebe ist die eine Kraft,
die uns belebt und bindet,
und was der Geist im Leibe schafft,
der Lügner niemals findet -
- bis das sein Tun beendet!

Bezogen

Ganz darauf bezogen,
kreist mein Ich um Ihn,
mit der Welt verwoben,
gebe ich mich hin,
jeden Augenblicke,
denke ich daran,
das er mich entdecke -
wo immer es ihm dann,
gefällt es diesem Recke´,
das er mich haben kann!

Werde ich mich ihm fügen,
ich bin die Seine ganz,
brauch´ ihm nicht genügen,
sollt´er mich nicht lieben?

Will dann den Leibe haben,
würd´ man mich auch vergraben,
in Schand´ und Schmache führen,
die Höhen mit ihm verspüren -

mich am Fleische laben -
und Ihn dann tief berühren -
mit allem was ich biete:
Das dieses Wort genügte,
und dieses Selbst verhüte.

Teilhabe

Hast Du gesagt – zu wissen, um
das Wichtigste
in der Welt.
Was das sei ?-
Frag ich mich.
Und sehe
jeden Tage neu -
was wächst und lebt.
In dieser Zeit, die mir beschieden,
die mir bleibt.
Teilzuhaben -
am Dasein
und Glück
zu spüren
durch das pure Sein.
Zu genießen was
um mich umher -
was mir gegönnt: - der Schöpfer.

Der Meine

In einem Garten feine,
da wächst ein Schleenkraut,
für einen guten Weine -

und was man sonst noch braut -
und was man sonst noch braucht?
Und was man ansonst der Braut!

Ich pflücke mir die Früchtchen,
bitter sind die Blätter,
drum setzte an mit Zucker - leichtem,

probier´ es am rechten Vetter,
probier´s bei rechtem Wetter,
probier´ mir einem der fetter.

Nun wart´ ich schon ´ne Weile,
auf den, der mir gefällt,
hab´ auch keine Eile.

Und mir Kartoffeln schäle,
und mir neuen Gatten wähle,
und mir neuen Mann vermähle.

Nun siehe da – da ist er!
Schlanke und feingestalt,
und den Wein, den trinkt der,
vor lautem Lachen kaum noch halt:

Der wird bei mir nicht alt,
der wird bei mir in falt,
der wird bei mir noch kalt.

Dem geb´ ich immer wieder,
ein Glase – mit Aug´ und Haaren -
und prall´ dabei mein Mieder -

was ist gut in Jahren!
Und was ist gut im Wahren?
Was ist gut beim Fahren?

Scheu´ – bei diesem Schnapse,
nicht das er was merkt – und kündet,
der denkt doch echt:
Ich hab se`!

Beim Weine

Er hat se´ nicht – und findet,
er hat se´ nicht – und schindet,
er hat se´ nicht – und bindet:

Doch was er bindet, ist nur Schein,
es lag an einem Glase Wein,
in das er schaute – zu tief hinein,
und sich macht froh am Tage,
mag nicht leben nach der Sage:

Im Mai:
und bin nicht alleine,
bei meinem Glas voll Weine:

 –   in Mädel dabei

 –   der Meine,

 –   Gemeine.

Ein Ziel

Auf langen Asphaltstrassen,
mit zügigem Schritte,
gehen entlang der Mitte,
vorbei die Wagen rasen.

Den Blick auf das Gras am Rand,
den Himmel über dem Kopf,
ein Strauch mit Hopf´,
den Stecken in der Hand.

Gehen, gehen – nicht ermüden,
immer der Sonne nach,
im Körper immer wach,
Schritt für Schritt, die Füße glühen.

Manchmal der Wunsch zu sein - ein anderer,
Minuten, Stunden, Tage der Bemühung,
am Ziele wartet kühl -
nicht das letzte Gefühl,
für den Wanderer -
am See -
zu spüren das Selbst,
kein anderer.

Waldeslüste

Ich spüre still -

im meiner Brust,
wenn Du vor mir erscheinst,
den straken Willen,
und brunstig Lust,
all´- was Du mir verneinst.

Mein Kopfe ist durchwirkt -
bei jedem Ansehn Deiner,
fühl mich wie eingekerkt´,
vernehm´ mich immer kleiner,
egal wo ich hier bin,
ich singe vor mich hin:
Bei einem roten Morgenrot,
hab ich Dich gesehen,
hatte weder Wein noch Brot,
und wollte zu Dir gehen -:
Treff Dich am Abend, an der Stätte,
mit einem Blick, nur an der Kette,
trink´ mit Dir - den Weine rot,
und fühle mich am Morgen tot.

Nun laufe ich umher - wie irre,
und weis nicht mehr - woher, wohin,
kauf mir glänzendes Geschirre,
noch schwant mir leise – wer ich bin?
Egal – auch dies, es ist der Triebe,
Gott behüt` mich vor solcher Liebe:
Das ich nur noch eines kann,
das mich versenkt in Liebeswahn.
Gnade - wenn ich ergreife,
dass - was mir nicht recht gehört,
straft mich, wenn die Lüge reife,
wenn mich kein Gewissen stört:
Nehme auf mich das schwere Kreuze:
Es singen schon die Käutze,
damit die Plage hat ein Ende,
streck´ empor zum Himmel – Hände:
Damit der Geiste leichter wird,
und sich besinnt auf Wort und Wert,
mach, dass die Seele nicht mehr irrt,
auf das der Weltenrichter hört -
durch der Sphären von Schein zum Sein,
bin nicht bei mir, bin nicht mehr mein:
Erlöse mich von diesem Joch,
will bessern Körper und auch Seele,
doch! Dies ist ein Weg – dich machner höhnt,
bei gutem Willen – ist die Kraft gegönnt!

Lichter Schein

Kaum erschrocken - durch den Schein,
der in mein Auge drängte,
bin ich geboren – und will sein,
wenn sich der Wege auch verengte,
bin ich nun da – zu Freud´ und Leide,
sorg´ mit dafür – dass ich nicht meide -

zu schaffen jeden Tag daran,
das ich meinem Nächsten,
habe immer recht Gut angetan,
und wenn nicht – sage dann,
was ich soll zum Besten,
damit ich es ertragen kann:

Doch bin ich jung,
und kann kaum schuldig,
sollst mir zeigen,
ich bitt´ Dich: Sei geduldig!
Erlernen mit dem Kinderreigen,
das ich das schlechte Tun will meiden.

So bist Du mir Beispiel, in Wort und Tat,
und folge Dir mit Abstand - der gemäß,
und hören will ich auf Deinen Rat,
will nehmen selben Trank- und auch Gefäß,
das ich – ganz ohne Eile,
erfülle des guten Buches Zeile.
Nicht wie des Hetzers Hass gewollt,
sich Widerspruch soll erheben,
doch wie gemeint – und recht gezollt,
ich es erfahr im täglich Leben:
Mir ist mein Sein – dem Herrn ein Leben,
und will Dinge darum geben!

Das gefällig wird mein Handeln,
und von Gerechtigkeit ist geprägt,
mag in Gottes Hause wandeln,
als Knechte – der nicht die Tage zählt,
damit erkenn´ ich an diesem Weh´,
wenn ich meinen Nächsten quäl.
Seh` ich auf Deinem Haupt,
- die Dornenkrone,
und jeder Tropfen Blut ist rot - ,
ich mich Deines Leides schäme,
und hoff´ – das ich einst bei Dir wohne,
so fürcht´ ich mich nicht vor "deinem" Tod:
Denn - will ich wie einst als Kinde sein,
im ewigen Leben –
bei Deines Lichtes Schein!

Unterlegen

Ich sehe Dich an,
beinahe jeden Morgen,
und hab vor Dir -
mein Gesichte ganz verborgen,
weil Dein Lichte mich verbrennt,
und weil Du mich voll erkennst,
mit allen meinen Sünden,
will ich zu Dir nur finden:
Will ich auf Deinen Wegen wandeln,
und nach Dem Gebote handeln,
das Du hast Moses gegeben,
und will in allem danach leben -
und jedes Worte - jede Tat,
vor Jedermann vermeiden,
was dem Knecht die Schuld auflad´,
die ich durch mein Dasein hab´ verbrochen,
bin unter den letzten Stein gekrochen,
damit Dein Blicke mich nicht straf´,
bin noch minder, als mein Schaf,
das Du gemacht mit Milch und Wolle,
damit es den Gerechten nähren solle.
Bin weniger als ein Regenwurm,
der nicht flieht vor Blitz und Sturm,
der durchwühlt das Erdenreich,
bin nicht einmal der Ratte gleich,
die sich sorgt, um ihre Brut,
die Fledermaus, die trinkt der Tiere Blut,
ist mir überlegen:
Trotzdem erbitt´ ich Deinen Segen´,
den mir gib´ - voller Gnaden,
das Kreuze Deiner – darf ich tragen,
und werd´ mich auf den Boden legen,
und mein Gelübte einzuhalten.
Soll Dein Geist - mit meinem Körper walten,
und die Welt christlich gestalten,
auf das im Ende siege:
die Wahrheit – nicht die Lüge!

Dafür möcht´ ich in Wort und Schrift,
mich von Dir leiten lassen, -
und soll mein Eitelkeit den Ton verpassen,
mag mir jeder Bruder sagen,
und ohne an mir zu verzagen,
wie besser ich das tue:
Damit wir einander sehen,
und Gottes Wort verstehen:
Mögen halten meine Schuhe,
in die Du mich gestellt:
Und stirbt am End´ der Held!?

Gehören

Links und rechts von mir -
über und auch unter meiner,
in naher Weite – auch von Dir,
nahe groß, in der Weite kleiner,
Freund und Nachbar -
hab´ immer einen wohnen!

Ob ich nun gehe in der Früh,
Abends komme – nach dem Schaffen,
ob ich mich bei Arbeit müh´,
mag ich weinen oder lachen,
eine große Menschenschar,
mit Lob und Tadel - mich nicht schonen.

Beim Feste mit der Feuerwehr,
beim Tanz auf Dorfes Kirchweih,
kümmert es wen – denn, wie sehr?
Ist es jemand einerlei?
Was ich trank und wer das sah -
will mich einer dafür belohnen?

Das Reden ist dem Mensch Geschenk -
und spricht alles, was er hört uns sieht.
Selbst wenn ich mir den Hals verrenk´,
bald weiß es jeder, wie es mir geht -
ob es ist gelogen oder wahr,
kümmert es doch nicht die Bohne.

Wenn: Da hinter den Gardinen (!),
einer steht und mich bespannt,
soll er einen Blick verdienen,
ist er mir doch längst bekannt,
sieht er mich am Tage - klar,
mit dem Kleide- und sonst mal ohne.

Das Gespräch an des Wirtshaus Theken,
über den – oder von Politik,
darf nicht mal mit dem Bruder schäkern,
dem Bürgermeister - ist es ein Trick,
für die nächsten Wahlen,
bleibt er im Gespräch – beim buhlen.

Das Geschwätze kann zerstören,
eines Mannes und Weibes Ruf,
auf ein Schandmaul nicht zu hören,
der das leumde Worte schuf,
um Volkes Wute hoch zu schüren:
Es ist Methode – wie das Prahlen,
gefordert ist sein Ohr zu schulen.

Vom Scheitel – bis zur Wade

Beginn ich an Deinem Scheitel,
entspringt wohlschwarzes Haar,
Grund hast Du für frommen Eitel,
doch ist Dein Antlitz rar,
bis über beide Schultern,
wirft sich es wunderbar.
Zwei Äuglein hervor dort blitzen,
tief wie Rhein und Eifelmaar,
und zwei Brauen darauf sitzen,
formschön, leicht – die Wangen bar:
Erscheinen wie zwei Hügelhellen,
mit tiefrot unterstrichen Wellen.
Springt hervor ein Burgenerker,
wie bei der Statuette, klassisch,
die Nase – und ist noch viel stärker,
der Flügel, der zeiget – rass´ ich:
Selbstbewusst – voll Eigenart.
Kommst Du mir vor - ganz weich und hart!
Über Deine Schulter - gleitet mein Blick,
auf den Halse lang – und schlank,
sanft geschwungen – zur Mitte – und zurück,
seh´ ich Deines Busens Pracht,
und eine Hand, die darüber wacht,
das ich schaue nicht zu viel,
es ist - wie ein natürlich´ Spiel.
Drehst Du mir nun den Rücken,
wie beim Vioncello, eng die Taille,
mein` Auge tränt vor dem Entzücken,
und verharrt – starr – eine Weile:
Ein runder Po – volle Lebenslüste,
als ob ihn vor mir niemand küsste.
Die Schenkel sind mir eine Freunde,
weisen sie Schlank auf Deine Lende,
das ich meine Kräfte - an Dir nicht vergeude,
und mich ergötze ohne Ende,
bist mir geboten – nackt und pur,
ein Wesen vollendeter Natur.
Unter runder Wade – schmal-
bannt mich der feste Knöchel,
mein Gesichte – wie Deines fahl,
gebunden bin ich in Gedanken,
der Triebe nach Dir hechel:
Setzt´ ich mir nun Schranken:
und gehe – will nicht wanken:
Bist zu schön, - es bleibet:
Maria – meine Königin, Du (!)
- besser meine Augen weidest.
Wem ist da zu wehren - (?),
     —   vor lüsterndem Begehren!

Mairegen

An einem Zweiglein strebt ein Grün,
hervor an einem starken Baum -
und viele kleine Blätter mühn,
noch zart und weich wie Flaum,
zu werden wie der der Stamme.

Ein leichter Hauch bewegt den Zweig,
er wiegt sich mit dem Winde,
und kleines Grün: „ich mich nicht neig´-
durchbrach doch schon die Rinde -
will wachsen hier – und will hier sein".

Am Fuße sitzt, lauschend dem Vogelsange,
sinnend ein Knabe –
und schaut bis in die Baumes-Spitze.
„Dies Leben hier ist wohl schon lange -
ob ich was in die Rinde ritze-
ein Worte, Herze oder Name?".

Und seh´ ich an das volle Grün -
und dazwischen des Himmels blau,
ringsumher ein buntes Blühen;
ob ich mir wohl ein Blümchen klau,
von denen, die da am Waldesrande stehen.

Leise ist ein dumpfes Klopfen,
nur zarter, weicher – als vom Specht,
dem Knab will´s auf die Nase tropfen,
dem Durstigen kommt´s gerade recht -
trinkt auch das Vöglein aus dem Himmel.

An gleicher Stelle seh´ ich auf,
das kleine Zweiglein ist schon fest -
und ist nach Zeit und Jahreslauf,
dazwischen drin ein kleines Nest -
und ein Kücken sperrt den Schnabel auf.

Der Rose gleich II

Es ist dem Menschen
Gottes Treue,
dass er kann auf Erden -
wie ein Bilde
von ihm werden.
Das sagst Du mir.
Ohne jedes Wort,
wenn ich Dich erblicke -
an diesem Ort, *der Rose gleich.*

Gehe Du

Gehe vor, Du meine Leben,
gehe nur,
bei jedem Schritt,
erdenbeben,
gehe Du –

Schritt für Schritt,
folgen Dir,
mit jedem Atemzuge,
mein Leben,
Knie nieder,
mit jedem Sonnengang,
wie Du,
im Selben Sinn,
...ich komme wieder

Ruhetage

Am heiligen Ruhetage,
der dem Herren geweiht,
geschaffen wurd´ die Erde weit,
ist die Bibelsage.

Mit einem Worte nur,
ward` auf Erden Licht und Leben,
dem Schöpfer Ehr´zu geben,
ist des Menschelein´ Natur.

Sprich ein Gebet am Morgen,
besser gelingt Dir dann der Tag,
brauchst kein Leben Dir zu borgen.

Sprich ein Gebet am Abend,
tat ich´s – im Bette lag,
das Brote ist Dir labend -

das der Heilge Geist Dir gab.

Mit kleinem Schritte

Du bist mir gar ein grober Klotz,
Doch fein bist mir von Gestalt,
hab dich gehauen – aus einem Protz,
jetzt bist Du klein – und Dein Gehalt?
Ist uns beiden.

Warst wirklich ungehobelt,
das hab ich übernommen,
hab´ studiert, was einen nobelt,
dass all´ hast Du von mir bekommen.
Ist das Geld nur eines.

Jetzt sind wir wahrlich - ein schönes Paar,
und passen gut zusammen,
ob das bei uns die Liebe war (?),
So hab ich vernommen -
sonst wär die Müh vergebens.

Die Frisur ist wunderschön,
die Freundin hat Dein Haar geschnitten,
benützt Du nun jeden Tag den Fön,
und ich schnür mir - die Taille in der Mitten.
So geh´ ich vor – in kleinen Schritten.

Zusammen haben wir ein Kind,
das wird uns gut erzogen,
das wir stolze Eltern sind,
ist auch nicht gelogen.
Es ist uns´rer Liebe Frucht.

Wie Du - ist es graziele,
ein Wesen - natürlich kultiviert,
merk´ ich es schon bei einem Spiele,
intelligent und schnell belehrt:
Es hat Gottes Gabe.

Unser Treffen war Fortune,
und heut´ noch denk´ ich daran,
Du nahmst mich in der Düne
immer wieder – ohne Pause,
an die Hand – und ich kam -
mit zu Dir- zu mir nach Hause.

Ungestüm die wilde Art,
und ungezähmt Dein Akt,
heut ´bist Du mir schon fast zu zart,
es ist doch wie vertrakt:
Den Klotze den ich liebte,
ich in domina versiebte!?

Tränen

Mein lieber Freud,
was sagst Du mir,
Du habest die Frau -
verstossen -
sie habe einem,
mit Brevier,
an Ihre Brust gelassen.

Mein lieber Freund,
das tat sie – ja -,
um mir Schmerz -
zu geben -.
Sie tat dies nicht,
das erste mal,
versäuert mir das Leben.

Nun – mein Lieber,
schau Dich an,
zersissen ist Dein Kragen,
zerstossen -
ist Dein Wamst,
soll es Dir denn keiner sagen,
woran Du armst?
Verdrossen - schaust Du aus.

Mir geht es fein,
und hole mir,
wenn ich es brauch´ – ein Weibelein,
zu küssen -
wenn Du mich nicht wärmst,
darf ich dich fragen,
das Du sie kannst,
mal grüssen.

Das werd´ ich tun,
und weis´ genau,
sie wird Dich wohl
vermissen,
sie sagte mir mit Tränen,
ich bin die Frau,
die alle Gattin wähnen.
Zerissen - scheint das Tuch.

Ich bin bei Dir,
ganz in Gedanken,
und trockene Deine Tränen,
das es keine Liebe war,
brauchst Du nicht -
erwähnen.

Mitgiftliebe

Du bist gar wunderbar gelungen,
loben dich hier alle Zungen,
ein Weibe prächtig - elegant,
viel Verehrer - sehr galant,
mit einem Manne voller Pflicht,
und einem Vater mit 'ner Gicht.

Ist ein gutes Leben, was Du führst?
Sicher – ja – weil Du nicht verführst?!
Nicht den Knecht, keinen Edelmann,
lässt Du an Deinen Busen ran -
bist von Natur her ausgestatt´ -
so mancher wird beim Anseh´n matt – .

Das Begehren, was Dein Auftritt weckt,
der Wunsch, den der Schmeichler hegt,
wenn er Dir schenkt, Blumen und Parfum,
Du weist es wohl, - bist ja nicht dumm:
"Die lasse ich gerne um mich werben,
doch können sie keinen Groschen erben."

"Ich bin treu - bei meinem Manne,
und bete heftig - unter der Tanne,
das er nichts merkt und auch nicht sieht,
wenn der Liebste durch den Garten flieht.
Warum soll ich mir dieses Spiel nicht gönnen,
die Männer mögen mich verwöhnen!

Kommt er nach Hause, von der Arbeit,
sag´ ich brav und ganz gescheit,
und zeig´ – was ich am Tage tat,
und frage ihn, um guten Rat,
das pinselt seinen Bauche,
und bringt mir, was ich sonst noch brauche.

Ich bin nicht untreu, keineswegs,
mit dem ganzen Verstand, nur bei dem Einen,
wenn Du die Scheine auf den Tische legst,
versteh´ ich, dass wir das Selbe meinen,
und sparen für das nächste Jahr,
zu reisen mal nach Cordo-bar."

"Es scheint mir wohl auch keine Lüge,
denn sooft er Dich mit andern sieht,
glaube ich, dass es Ihm genügt,
wenn Du die Küche sauber hälts,
und Dich nicht Anderswem vermählst":
Denn die Mitgift hat es euch getan,
dass er schaut - keine andere an!?

Wohlbekannt

Hast Du gesehen,
das blaue Maar -
der Eifel Höhen -
die klaren Seen -
hoffe ich – Du bist mir wahr -
und kannst meinen Wunsch verstehen.

Hier will ich sein – und bleiben,
doch auch das Umwandern nicht vermeiden.
Mich ergötzen an saftigen Weiden,
worauf die Schlüsselblume steht -
und bevor die Blüte geht,
wandern zu den Wacholderheiden.

Mir ist dies Land – der Mensch hier lieb,
so wie er spricht und "tuet",
wenn er von des Tageslast,
in Kirch´ und Bette ruhet.
Ist mir sein Lachen wohlbekannt,
sein sanfter Streich – mit warmer Hand.

Es ist nicht gewuchert – es sind Gewächse,
der Manne, der vor Kräften strotzet,
wer sie nicht sieht, die starken Äste,
wohl einer der bei allem motzet,
mag ihm das Mägdlein die Augen öffnen,
und auf seine gute Seele hoffen.

Erkennen - ist die Pflicht der Stunde,
sehen was ist wesentlich,
nicht das Maul mit großer Kunde,
sondern Fleiß und Leben schlicht,
mag mir ein Beispiel im Bauernlande,
und geben eine wahre Sicht.

So bist Du hier wohl eingeboren,
hast alle Schwächen dieser Leute,
und alle Stärken – in Dir vergoren,
lebst jeden Tage, das Gestern, das Heute:
Mag uns beschieden ein gemeinsamer Morgen,
damit wir teilen Gut, Lieb und Sorgen.
Bin ich bei Dir jetzt eingezogen,
ich hoffe, in Dein Leib und Seel,
hab´ Dir in Ehe – treu geschworen,
Beim christlich Himmel – und dem Kelten-Heel.
So möge wir zwei eng beisammen,
und ein Kindlein zu uns kommen,
Hoffe das es nun so bliebe:
Als Siegel und Beweis der Liebe.

Auf einem Lager

Auf einem Lager an der Saar -
dort, wo das Wasser modrig,
lagen wir – Die Lende bar,
Dein Kusse schmeckt mir lordig -
dass ich mit Dir nicht alleine war.

In jener Nacht – graue Schwaden hangen,
über uns – mein Atem schwer,
was meine Lippen auf Deinem Munde sollen (?),
der Nebel dort erzählt mir mehr –.
Von Dir und Deinem Wollen.

Als ob ich um die Nacht nicht wüsste –
die Hand fasst Dich mit ganzer Kraft,
es kommen mir verborgene Lüste,
trinke Ruwer-Wein, den trockenen Saft –
das ich an der Saar ertrinken müsste?

Du sprichst mir von einer Hast -
und es schiesst mir durch den Schädel,
ist nicht mehr als eine Rast -
mit diesem schönen Mädel -
und spüre eine seltsam´ Last -

Auf Deinem Bette lagen wir,
erzählst von einem schmalen Pfad,
rote Beeren gab ich Dir -
wohl gut gemeint und guter Rat,
wolang es geht – noch bleib ich hier.

Das Leben ist ein langer Weg,
nicht frei seiest Du für eine Lust,
ich steh´ an des tiefem Wassers Stege,
weil Du auf einen hören mußt,
der Dir die Pflichten auferlege.

Ein gutes Sollen macht mich frei,
drum ist mir Dein Wort nicht unbekannt,
ein Ziele ist oft gut für zwei,
auch mehr – es summiert sich der Verstand,
und kaum etwas ist einerlei.

Ein letztes mal bin ich bei Dir,
besuch´ Dich in einer kargen Stube,
schliesst hinter mir die hölzern Türe -
magst denken –
was für ein armer
Bube.

Kommentar

Der Schreiber sitzt an seinem Pult,
bei einer großen Zeitung,
er ist als Journalist geschult –
der Chef: „Mensch hat der ´ne lange Leitung".
Der schnautz: „Nun halte Dich mal ran –
ich brauch´ den Text um achte –
und ruf´ den Menschen noch mal an,
weil ich auf´s Zitat noch warte".

Der junge Mann ist Redakteur –
und soll in einer Stunde,
fabrizieren fünf Artikel – besser mehr,
sagt der Leiter in die Runde.
Dabei kommt es auf die Zahlen an,
was die Welt bewegt sind Fakten.
Wie kommt man an die Daten ran?
Es ist oft schwerer als sie dachten!

Geschrieben wird hier nach der Norm,
den Leser soll er informieren.
Vorgegeben ist Platz und Form,
Satz für Satz zu produzieren –
bloß kein Wort zuviel verlieren.
Denn das kost´ der Zeitung Geld,
der Raum für Nachricht ist begrenzt,
das Ausland ist die ganze Welt,
„He – zum Termin – und nicht geschwänzt".

Der Schreiber macht was in Funktion,
er setzt die Dinge um –
und kennt er nicht die Lokation,
hält man ihn gleich für dumm.
Punkt und Komma richtig setzen,
vergesse bloß kein Zeichen!
Nüchtern, sachlich – bloß nicht hetzen –
waren es wirklich hundert Leichen?

Kein Fehler – keine eig´ne Sicht,
dass macht sich bei der Meldung nicht –
und auch kein schlichtes Fragen.
Die Sprache gibt dem Denken Licht,
ein "schönes" Bild - der Leser hat das Sagen?
Scheint doch bei aller Produktion –
und vollen Seiten jeden Tag,
wichtig ist die Position –
zu schreiben was man mag.
Gelesen wird auch aus Zeitvertreib –
und was man schreibt soll wahr.
Maschinen können´s ohne Sinn –

Drum nehm´ ich mir Zeit für Kommentar:
Wenn man nur den Leser binden will,
es gibt da wohl ´ne Weise,
verliert man die Botschaft ziemlich schnell.
Das soll ich tun – ich glaub - ich hab `ne Meise?

Drum noch einmal:
An einem Bildschirm sitzt er stumm –
sein Kollege in and´rer Nische,
er denkt und schreibt,
er liest und weilt - drum -
liegt Buch und Blatte auf seinem Tische.

Die Zeit hat er im Nacken – immer –.
Und stellt schnell den Satz zusammen,
die Lampe gibt ´nen schwachen Schimmer,
um Zehne sitzt die Redaktion beisammen.

Die Nachricht ist ein hohes Gut
- sie gibt dem Menschen Wissen -
drum soll sie sein,
ganz wahr und rein
und darf kein Datum missen.

Mir ist´s - wer´s kann – ganz wunderbar –
und möchte unterstreichen:
Die Meldung schreiben – kurz und klar –
kein Falsch soll sich einschleichen.
Seh´ ich den Reporter hier am Platz,
ich kann es ihm nachfühlen,
erst da – dann zum Computer – welch ´ne Hatz,
und nun muß er die Leser rühren.

Der Schweiß tropft auf die Tastatur
noch zehn Minuten Zeit – nicht verführen!

Es klimmpert auf dem ganzen Flur:
Die Redaktion in Arbeit.
Es mag Verleger und Aktionär,
an eines bitte denken:

Berichterstattung ist auch schwer –
nicht nur zum Meinung lenken,

...und wer schreibt in dem Getriebe,
tut es – denn mit Leidenschaft und Liebe !?

Am Königsee

An manchen schönen Tage,
sitz´ ich am Königsee,
ich seh die Fischlein vage,
und spür ihr stilles Weh.

Gefangen im Gewässer,
das kalt und grünlich steht –
geht es dem Geiste besser,
der sich im Kreise dreht?
Ein Angler könnt ihn fangen,
mit einem kleinen Wurm.
Der Grübler sitzt sei Langem,
in einem Kerkerturm.

Kommt eine um zu küssen,
die Muse mit dem Hauch.
Was nützt auch alles Wissen,
Ideen braucht man auch.

Drum rede herzlich gerne:
Und denke was Dir lieb –
Über See und Berge – in Ferne:
Und Gutes weiter gebe.

Wunsch und Wirklich

Auf dem Steine,
wächst das Moos –
und an die Eine –
denk´ ich bloß –
und will sie wieder schauen.
Sie mir – mit Worten und mit Blick,
in des Rheines Auen,
versprochen hat, ein zeitlich` Glück –
ich müsste mich nur trauen.
Es ist ein Unwill zadern,
und eine Weil´ voll hardern –
mit dem, was Wunsch und Wirklich´.
Ich harre einem Augenblick:
Nur bräuchte ich Gelegenheit,
und eine Zeit für sie zu zweit,
ich würde nicht mehr warten.
Und helfe mir doch das Geschick
Nur hoffen kann ich den Moment,
den außer mir nur sie noch kennt,
ich würd` es nicht verraten -
und nehme mir davon
   –   mir ein kleines Stück.

Venus

leise
haucht der Wind
über das Feld
bedeckt
weiß
mit feinem Schnee
und kaum vernimmt
das Kind
das Sternenlicht
neben dem gleissenden Mond
der die Kristalle zum Funkeln bringt

am Frühlingsmorgen
wird der Stern
von Eis
zu einem Wassertropfen
der die Blume
dürstet nach Tau
tränkt

Vergagenheit

Was bedeutet das Geschehen,
für den der liebt,
der gibt,
sein ganzen Leben,
für den Freund,
was ist geschehen – ?
hast du
gesehen
willst du glauben,
was du siehst
was getan …
im Triebe...
oder

in Liebe.

Wintersonne

bedeckt der Schnee

das Grün

und weht der Wind

von Osten

friert

bei Sonnenschein

noch

der Zapfen

an der Tanne

fest

wärmt

die Wintersonne

langsam

das Eis

zu einem Tropfen

taut

an der Spitze

der Fichte

fällt

hinunter

friert

erneut

kühlt

der gefrorene

Grund

das fallende Wasser

ausgedehnt

in eine Eigenart

aggregiert

Helligkeit und das Dunkel

die Anomalie

in den einen - oder anderen *Zustand*.

Mitgenommen

Goldenes Haar umwebt den Kopfe,
zierlich an dem Fingerglied,
greife ich in ihren Schopfe,
ein Ringlein mich zurück nicht hielt.

Drücke einen Kuss ihr auf die Wange,
seh´ hinein in ihre Augen,
merke Scheu und ein Begehren,
fühle Wärme – doch nicht lange –
willst dem Drängen Dich erwehren.

Nehm´ Dich mit in meinem Wagen,
fahre über Land und Wege,
denke an verschiedene Lagen,
Dich auf weichen Rasen lege,
auf das dies Deine Haut bekizelt.

Kann und will mich nicht mehr stoppen,
denkt mir ihre Hand auf meiner Lende,
es ist mir mehr als einfach locken,
spür` den Tropfen ohne Ende.

Den mag ich trinken – aus vollem Krug,
bis ich nicht mehr nüchtern bin.
Wie erring ich auf einem Wege - klug?
Den Rausch im Kopf – mitbenommen
trübt´s mir auch den Sinn?
Mitbekommen!

Vielgestalten

Hab Euch einmal gesehen,
in Gestalt die wohl gefällt,
mit glücklichen Ersehnen,
bin ich von Drang erfüllt.
Dieser bewegt nicht nur die Glieder,
mein ganzes Denken erscheint mir neu,
höre wohl die alten Lieder,
singen Euch von Ehr´und Treu´.

Es ist gut Tun mit solchen Vorbild,
und beflügelt kleinen Geist,
Eure Güte Seiten füllt -
ein Beispiel, das rechte Wege weist.
Will nicht mehr mit loben enden -
Euer Sinn und großes Ziel -
ist ein Werk von vielen Händen,
die Gutes tun und leisten viel.

Betrachtung II

Ich sitz´ an einer Hütte,
auf Dedenbacher Höhn,
dort sieht man von des Platzes Mitte,
die stolze Olbrück steh´n.

Es reckt sich aus der Bergeskron,
ein starker weisser Fried.
Es ist des Wanderers guter Lohn,
den Bau, den er dort sieht.

Er sieht die sieben Berge,
den Drachenfels am Rhein –
und schaut ins Vinxtbachtale,
vom Flüsschen ziemlich klein.

Erfrischend dort die Luft im März,
schau in den Westerwald,
schon Wärme kommt Dir in Dein Herz,
siehst die Tannen mächtig alt.

Im Sommer steiget himmelwärts –
die Lust auf leichtes Leben –
die Sonne scheint im frühen Herbst
und süsst die vollen Reben –

Viel Wasser ahnst Du von der Stell,
den Rhein, den Vinxt, die Ahr, den Brohl –
der Wege mache Dir den Mute hell,
Wein und Wasser tut Dir wohl.

So schaue ich die Weite,
um jede Woche neu,
der Herr dich dorthin leite –
Dein Aug´ sich daran freu.

In einer Flucht

Mit einem Blicke – sehe ich
in eine Flucht
bewahre mich
vor dieser Sucht
tiefer hinein zu tauchen
in den See
wo ich verliere
in dem ich ertrinke
doch will ich sehen
und spüren
das ich bin

Im Tale

In einem alten Tale,
da stehet eine Mühl,
die Tannen hoch dort ragen,
der Wiesengrunde kühl.

Ein Bächlein treib das Rade,
viel hundert Jahre schon,
nur ermalt dort lang kein Mehl,
der Müller ging davon.

Es steht das alte Fachwerk,
verlassen das Haus und stumm,
die kleinen Kinder spielen,
im Garten ringsherum.

Durch Wolken scheint der Monde hell,
licht ist das Giebeldach,
es spiegeln Spinnenweben,
und jemand scheint stets wach.

Die Menschen im Dorfe flüstern,
der Weiße sah davor,
denn seine Frau die starb bald,
nachdem sie ihm die Ehe schwor.

Sie lag im Kindbettfieber,
im Mai vor hundert Jahr,
es blühte dort der Flieder,
ein Bübchen sie gebar.

Ein Wanderer hat´s gesehen,
es jährte in dieser Nacht,
am Fenster vorüber ziehen,
und meinte das wer dort lacht.

Es war des Müllers Weibe,
die dort am Fenster ging,
der Wanderer war verschwunden,
der Rucksack im Baume hing.

So muss man jeden warnen,
bei Mitternacht zu gehen,
an dieser Mühl´ vorüber,
- Du darfst das Weib nicht sehen.

Der Müller nahm das Kinde mit,
als er dem Orte floh,
begrub das Weib am Hause,
und fluchte jedem Froh.

Am Arm

Sie geht an ihm vorüber,
mit stolzem Schritte schnell,
das Haupt auf hohen Schultern,
den Kopf umwoben hell.

Kein Blick, kein Schauen herüber,
geradeaus mit Schwung,
in einem langen Kleide,
betont ! – ist sie noch jung?

Es scheint wie Engel hauchen,
es streift am Fuß der Saum,
„einen solchen wird sie nicht brauchen",
eh´r ist´s ein schöner Traum.

Doch den lass Dir nicht nehmen,
keine Lieb´ ohne Gedankenspiel,
setzt sie auf nächste Lehnen,
und spricht in Phantasie.

Redet da schon seit Stunden,
und der Mund ist stumm,
mit ihr verliebt im Geiste,
und schaust um Dich rings herum.

Da kommt sie geschritten wieder,
steht auf und greift sie an den Arme,
spricht mit seinem Charme,
Madame – ein Halt und Worte -
doch fällt er nochmals nieder,
an dem selben Orte.

Da sieht er den Manne kommen,
der winkt mit der Hand vorm Kopf,
er griff da voll ins Leere,
was für ein dummer, armer Tropf?

Sie kam dort nicht gegangen,
es waren die Gedanken fein,
die wünschten den Kuss auf Wangen,
wie dumm ist solches Sein?

Wie klein -
kann der Manne sein,
und sich äffig machen,
und sich selbst vergessen-
nicht beachten-
was ist angemessen.

Im Glück

Zu danken jeden Morgen
dass Du bist gesund erwacht,
es fliehen alle Sorgen,
bei einer Heil-Andacht.

Seh´ in das Gesicht der Menschen,
die lieben reich ihr Los,
zu leben in kleinem Ländchen,
im Herzen riesengroß.

Hast Du gehört den Frühling,
der singt ein Hohelied,
bin ich auch nur ein Winzling,
in der Fügung doch ein Glied.

Erfreut mich die Mittagssonne,
der Schatten weiterzieht,
träum´ ich in warmer Wonne,
und vernehm ein Liebeslied.

Dies ist der Trost des Ganzen,
Du siehst ein gutes Stück,
von Gottes Hand geschaffen,
bist Du in diesem Glück.

Zu denken jeden Morgen,
dass Du bist gesund erwacht,
es fliehen alle Sorgen,
bei einer Heil-Andacht.

Seh´ in das Gesicht der Menschen,
die lieben reich ihr Los,
zu leben in kleinem Ländchen,
im Herzen riesengroß.

Spürts Du des Winters Kälte,
in der Stube ist es warm,
die Natur nicht darum schelte,
bist und bleist Du arm.

Hast Du gehört den Frühling,
der singt ein Hohelied,
bin ich auch nur ein Winzling,
in der Fügung doch ein Glied.

Erfreut Dich die Sommersonne,
der Schatten weiterzieht,
träumst in warmer Wonne,
und vernimmst das Liebeslied.

Im Herbst die Früchte reifen,
der Apfel fällt vom Baum,
willst du nach oben greifen,
sag´- was ist Dein Traum?

Doch das Tun der Andern,
der nicht gibt und immer nimmt;
musst die Welt hier durchwandern,
denn Dein Schicksal scheint bestimmt!

Es ist der Trost des Ganzen,
Du siehst ein gutes Stück,
von Gottes Hand geschaffen,
bist Du im irdisch Glück!?

Warum ist das Sehnen,
nach dem gerechten Sein,
und das Tun auf Erden,
dem Reichen nur ein Schein?

Im Parlament

Was soll die Erklärung,
von dem – was ich nicht ändern kann,
das Gespräche in der Zeitung,
über Sachen – die sich ändern – dann -

von heut´ auf morgen ist alles umgekehrt,
nicht wahr – was gestern noch stimmte,
was der eine sagt - ist alles verkehrt -
und das was er noch meinte – weil er nur mimte.

Nur alles Schau und nur Effekte,
und am nächsten Tage wird der Gegner -
vom Wähler sind es nur Affekte,
zum Partner – was gestern gesagt ist heut´einerlei -
wer laut spricht, der ist ein Redner -

und am Zuge. Nicht was er sagt -
sondern wie er spricht, dass zählt
wenn das Parlamente tagt -
wer wählt- ?

Der Affekt!
Der Effekt!
Die Volkes-Liebe!

Alter Hirt

Im Firmament der helle Stern,
der volle Mond wirft deutlich Schatten,
die Wiesen sind wie helle Matten -
bist bei der Herde – hütest gern.

Am Flusse trinkt das Böcklein,
kühlen Trank in heißer Nacht,
und der Sohne sieht es – wacht -
trägt auf der Stirn ein schwarzes Löckchen.

Du kannst an dieser Stelle furten,
durch den Bache nur knöcheltief,
siehst – das Böckchen durch das Wasser lief -
das Gewand muß ich jetzt gurten.

Schon bist durch, durch – mit trockener Wade,
legst das Böcklein auf die Schulter Dir,
fühlst – es ist ein liebes Tier -
wenn ich verlör ´ – es wäre schade.

Das Nass kommt Dir nun bis an die Schenkel,
die Strömung mit jedem Schritte stärker wird,
das Lamm auf dem Rücken – guter Hirt -
ist es Dir – als trägst Du Deinen Enkel.

Schon geht die Flut bis an die Brust,
Du stemmst Dich gegen Strudel reissend,
watest – weil Du das Schäfchen retten mußt,
das Mondlicht Dir den Wege weisend.

Am Ufer – wirfst das Tier ins Gras -
und steigst empor aus wilden Bache.
- was Du spürst auf jungem Fuß -
leicht wird´s Dir nach guter Sache -
und guter Tat.

Du - Mutter Erde

Du
gehst
einen Weg
einen halben
einen ganzen Kreis
beschreibst Du jeden Tag
rundherum
allein fest ist der Punkt

um den Du Dich drehst !

Alter Römer

In Frankfurt am alten Römer
sitzt in einer Eck´
der Ede mit ´nem Döner -
seine Hemd ist voller Fleck´.
Der Alte sitzt schon lange hier,
zählt Buissness-Anzüge,
im Pulli steckt Rundschau-Papier,
im Rücken die Iso-Liege.
Er pendelt zwischen den Banken,
hat ´nen Pappbecher dabei,
fragt mal die Passanten,
nach ´nem Euro oder zwei.
Da kommt grad´ein Armani,
längs mit´ner Aktentasch´,
der Ede ruft „Hallo Sie" -
und trinkt aus seiner Flasch´.
Der Anzug geht gleich schneller,
schaut auf die Breitling irritiert,
es glänzt der Mont-Blanc-Füller,
mit dem er gern signiert.
Es ist gegönnt Versace, Lagerfeld -
auch Prada und Cartier -
doch denk´ auch an das kleine Geld -
im Frankfurter Carré.

Die Laus

An sieben langen Tagen,
geschaffen wurd die Welt,
und was ihren Lauf erhält,
ist alleine Eines sagen.
Leb´ selbst an einem Orte,
wo ein kleines Kirchlein steht,
wer dort zum beten geht,
hört die heilig Worte.
Dort liest und spricht vom Leben,
mancher der als Wissenschaft studiert,
damit er weiß und nicht verliert,
die Geduld am Menschen eben.
Kommst Du aus solchen Haus,
nimmst mit was man gesagt,
kaum Du am Tag verzagst,
liebst selbst die kleine Laus.
Auch wenn sie juckt und quält,
und Blute aus Dir saugt,
den Schlafe raubt und laugt,
ist sie wie Du erschaffen -
ein Wert – und wie erzählt,
ein Wesen in der Welt

Diamantene Kristalle

Noch frisch –   da kommt das Schneeglöckchen,
                  Krokusse folgen ihnen gleich,
                  ein Männerbein wird weich,
                  über dem Knie ein Röckchen.

Wind -   streichelt die Blätter am Baum,
           die Pollen fliegen in die Nasen,
           es stehen Tulpen in den Vasen,
           in den Lauben trinken die Leute Bier mit Schaum.

Kühl -   ist es wieder am Morgen und farbenfroh,
           überall wilde Schattierungen,
           geerntet ist der Primeur – schon mit Ettiketierung,
           fühlst ein wenig nirgendwo.

Kristalle- erklettern die Fensterscheibe,
           im Zimmer leuchtet ein Baum mit Sternen,
           in der Stube kannst Du dich wärmen
           und bist in einem Leibe -

und frisch weht der Wind über Deine Wange und kühlt Deine Tränen zu

diamantenen Kristallen.

Deine Welt

Zeig´ mir Deine Welt aus Liebe,
von Skulptur, Schrift, Malerein,
hoher Mut und edle Triebe,
Herzenwonne –
ein heißer Kuss – mag mich befreien.
Komm zu mir in All-Gestalten,
Seelen erfüllen Deinen Dom.
Dein Ehr lässt göttliches im Kerker walten,
dort wo Du bist – ist keine Fron.
Fang mich ein mit Deinem Glauben,
Gutes dort wo festes Sein.
Mag Dein Geist in allen Leibern,
berührst mit tief - du bist mir rein.
Will warten auf Dein Worte wahr,
meine ganzes Leben und weiter dann,
ist mein Denken bei dir klar,
will ich Dir gut sein – wie ich kann.
Bin und bleibe Dir verbunden,
in Freundschaft, Liebe – allezeit,
nur fehlt mir Deine Nähe – unumwunden,
drum schau ich aus – wann Du bist bereit.

Aus Anlass -

Ist die Sache heilig,
mag der Zwecke legitim,
und der rechte Manne eifrig,
auf das der Schlechte möge fliehen,
ist Lug und Trug nur nützlich,
Tarn und Täusch vergeblich.

So gezogen ist die Grenze,
schlägt der Heuchler in die Wunde,
wo hat des Lebens Keim und Grunde,
weil – will haben tausend Lenze,
die seien nur vorweg – genommen,
das Dasein dort, sei ganz verschwommen.

Gift kommt aus dem Munde,
des rechtens – doch der Lügenleere nähren -
um blauer Augen willen,
das Nichts zum Höchsten füllen -
zur Mörderbande, wird der Bunde,
im Haufen mit sein-losen Kalkül,
schlecht zu mehren, um zu mehren: Viel?

Auf diesem Pfade, ganz gemein,
hinterhältig, - kann nicht edler Muthe sein,
schon gar kein Mensch, im Mondeslicht,
es klärt die Sonn´, vor Gottes Angesicht,
kann Wollust, Diebstahl, Mord, betrügen,
auch den feinsten Sinne trüben,
minder als bei raubend Tieren.

Ist das gewollt, gar schicklich beschult,
wird der Sinne daran wirren,
doch darf man im Ziele nicht lange irren:
Wirkt das Mittel am Ende gut?

Wirkt das Mittel am Ende gut?

Nicht häufen Gold, zu haben Macht,
verleben - selbst die Heilsandacht,
erkenne solche Niedertracht -
träufelt in den Quell´ des Lebens,
zum meucheln: das Gesmische,
sei es gesprochen – ob am Tische?
Ist am Ende doch vergebens:

Nach was Du strebest – Jederzeit?

Landliebe

Im Königsfelder Wingert,
auf einer morschen Bank,
sitzt ich schon ziemlich lang,
und schau – in grüne Au.

In meinem Rücken raschelt´s
der Wind bläst mir ins Haar,
ich schau mich um – da zwischert froh,
ein kleiner brauner Star -
und fliegt auf einen Ast,
macht dort ´ne kleine Rast.

Im Schnabel hält er ein Hälmchen fest,
der kleine muntere Star,
er hüpft mit Flügelschlag ins Nest:
Es ist ein Starenpaar -
und schnäbeln mit Gepiep,
ich glaub`- die haben`s lieb.

An meinem Fuße sonnt -
sich die kleine Echs -,
auf einem Flesensprung -
und schaut mich an voll Ängst´
sie scheint noch ziemlich jung -
zischt fort -
zum nächsten warmen Ort.

Es hüpft die zarte Grille,
von Halm zu Halm – entlang.
Man spürt die ganze Fülle,
an diesem prächtigen Hang -
versuche mich in Stille.

Der Hügel ist umwuchert,
von Hecken, Baum und Strauch.
Es wachsen Gräser, Blumen, Beer -
und ein doldig Lauch.

Im Fluge die Libelle -
schmimmernd auf der Stelle.

Darf denn die Zeit verstreichen,
auf diese Art – in Ruh´,
Wonne – die ich mir leiste:
Zu sein in der Natur.
So seh ich hier – und will ihn grüssen:

Diesesmal: – was Gott ließ sprießen!

Schattenwurf

Nun bist Du wirklich lang gegangen,
und hast gesehen Tal und Fluß,
in Hoffung das Lärchen mit Dir sangen,
gehst Du mit Gedanken – nicht nur zu Fuß.

Eines ist wohl aufgefallen,
dort wo Du still stehtst und verharrst,
hörst dann auch die Nachtigallen,
bevor Du dich ins Bette machst.

Bei allen Wegen, jedes mal,
blickt immer einer auf Dein Tuen,
betrachtest Du auch ein Fanal -
egal in welchen Schuhen.

Den Schatten begleiten Deinen Gang,
geworfen ist ein Mantel hier -
ob Du Knecht – oder Herr von Rang,
und wer ihn stiehlt ein Mindertier.

Und bewahrt er nicht in gutem Geist,
das was er rafft und für sich meint,
es ihn bald in Stücke reisst,
und kein Auge um ihn weint.

Es sind die Schwerter edler Recken,
die dich geleiten durch das Land,
die Dich beschauen und sich verstecken,
und Dich behüten in Stand – und Hand.

Doch ist mit Dir ein schlechtes Wollen,
sehr dunkel werden dann die Schatten,
Flügt Dich der Bauer unter Schollen,
ob wir einen Solchen je gesehen hatten?

Kaum ist er da, auch schon verschwunden,
Gestalt und Gesichte seien vergessen,
er tat den Lieben tiefe Wunden,
und hat gezecht – nicht wohl gegessen.

Drum bleibe fern – wenn es dich treibe,
kommst Du nur aus Eigensinn,
zu stehlen Geld und Gold und Weibe,
macht Dich dies falsche Streben hin.

Je weiter fort – sei es um so besser,
wenn Du nur machest Mord und Raub,
hier schmiert man Brote, mit dem Messer!

So sprach der alte Bassenheim:

–   Zu viel sind mir die Streitereien!
Mehr als fünfzehn Wappenschilde,
ist mir Weisung aus voller Milde,
die Tugend leite unsere Hand,
"all` Lanz für unser Vaterland".
Wenn ich auch stehe hier alleine,
sei mir geschworen bei des Vaters Beine,
will hören jedes Wort von euch,
damit kein Rate mir entfleuch,
zum Guten wenden für das Tal,
mit Marias Kreuz, beim Abendmahl!
Seht auf die Ständerung in unserem Wappen,
dem ämrsten Manne, den guten Happen,
wenn er voll Ehrfurrcht senkt sein Haupt,
vor Gottes Schöpfung, wahrhaftig glaubt,
dass der Herr ihm das Leben hat beschieden,
ihm dankt, - und will ihn dafür lieben.
Schaut umher, auf Platz und Flecken,
tuet es, wie die frommen Recken,
jeder Hiebe hat sein Ziel,
jede Sense Griff und Stil,
drum hält der Pflug des Bauern Werte,
wie dem Ritter Roß und Schwerte.
Wie das Reh, den Pilger nährt,
das Tageswerk den Hirten ehrt,
ist jedes Tiere lebenswert,
der Hunger auch den Ritter lehrt -
und jeden, der mit Gott verkehrt:

Sei es der Zehnte, den man gibt,
die eine Gnade ungeminnt,
die offene Freundschaft für den Gast,
eine Gebete bei der Rast,
diene dem Herren in deinem Nächsten,
gespielt ist es dem Pfaff am schrägsten.
Bauet fest - auf Gottes heiligen Segen,
dann wird das Herze in euch sich regen,
der edlen und auch schlichte Leute.
Werdet nicht - des Teufels Beute,
und nicht verloren in der Zeit,
wenn ihr der Liebe seid bereit.
So soll in diesem Sinne,
stolz stehen jede Zinne!
Ist der erste Stein gelegt,
vor 500 Jahren oder mehr,
hat ein guter Geist gehegt,
die Leut´ am Bach rings umher,
mit Blicke bis zum Laach,...
und Augen freudig wach.
Soll´s der Ulebruck gewesen,

denk die Zeit vorher,
konnt das Volke kaum doch lesen,
gesprochen wurd´ die Wehr -
schon tausend Jahre lang,
mit Spieß und Speere – gar nicht bang.

Der Wied hat´s aufgeschrieben,
Urkund in Abtein,
das die Geschlechter trieben,
es unterhand recht fein,
das Burghard fügte ein,
beim Wohnturm einen Stein.

Es mag um Jahre dauern,
bis das Hause wurd´ gebaut
mit starken, dicken Mauern,
dem Schutz und Trutze traut,
und eine Quell´ am Fuße,
der Brohl – ein kleiner Flusse!

Wer redet da von früher -
ob Ule oder Ore?
An diese Höh` die Mühe,
sing- es im Ahnenkohre:
Das Leben hier erblühe,
und Stein auf Steine lege.

Als er noch mit den Fellen -
und Holzspieß Bären jagte,
als Waldmann, mit gezognen Wölfen bellen,
schon dieser Felsen ragte,
mit einer Feuerstelle,
und Vollmod gab die Helle.

Zu hoffen – es ist weiter!
Das ihr nicht im Groll verweilt,
Mord ist keine Leiter!
Des Toten Blut nicht heilt.
Friss nicht Deinen Bruder,
denn Fäulnis liegt am Luder!

Sei auch mir die Mahnung,
der Modder ist die Ahnung!

Ob Du jetzt Wied,
oder Heinsberg heisst,
geboren bis am Ried,
zu lesen und zu reden weisst,
deine Stimme uns verzückt,
gemeinsam nur die Burge glückt.
Peter – was du hast von Eich,
sollst halten, bei mir stehen,

nicht schänden deines Feindes Leich´,
und in der Halle gehen,
in Furcht vor Gott, allmächtig -
werd` nicht niederträchtig.

So ist dies wahrlich ein hoher Hain,
geboren um zu leben,
mag es Klein und Eppstein sein,
den guten Sinne heben,
wird Hieb und Stich vermieden,
um unsere Leiden zu lieben.

Treibt Dein Knechte aus dem Stein,
den Nagel für die Planke,
wachsen möge bis zum Rhein,
der Rosen feine Ranke,
und find´ ich auf der Wiese,
Herr und Herrin – von der Ise.

Ist auch Virne die gute Pfalz,
die ganze Pellenz ist wohl Dir,
Lieb´ und Treu´ und Kraft – erhalt´s,
zu wehren, sei Du mit mir,
das Bruderherz wird nicht mehr kalt,
Dein Mörtel gibt dem Turme halt`.

Es ist im Ringe der Orebruck,
für eure Treue Raum,
von des Pfauen schmuckem Kleid,
bis zu des Adlers Flaum,
hat edelen Wohnstatt hier,
mit offenem Visier.

Es ist der Erker, der den Turme ziert,
und nicht ein Sandkorn je verliert,
den halt an steilem Baue,
darauf ich steh´ und traue,
Seit an Seit – die Banner wehen,
wir Freund und Bruder sehen.

So ist geschlossen, ein heilger Bund,
aus Lieb und Treu – als Schatz und Fund.

Ich seh ´in jede Richtung,
auf meine Brust ich hau,
auf einer hohen Lichtung,
ich ringsumhere schau,
verspühre Deine Liebe,
in tief gründendem Blau.

Mit einem starken Willen,
und einem leichten Wort,
zerstäubst Du alle Grillen,
die mich tragen fort,
ist diese sanfte Hand,
versprochen für dies Land.

Und schaust Du auf sieben Spitzen,
hinauf des Rheines Hänge,
an Rolandsbogen sitzen,
die Herren ohne Zwänge,
feuerrote Schwingen,
mit Engelsstimmen singen.

Doch lasse Dich nicht wiegen,
Du könntest täuschen Einen,
mit wohlgefeiltem singen,
und vorgespieltem weinen.
Härte ist dir wohl beschieden,
willst du Herzensgut und Blut belügen.

Wanderst Du durchs Mannebach,
hörst Du die Nachtigallen,
ist es auch hell an diesemTag,
wird´s Dir in den Ohren schallen,
und Buchen spenden einen Schatten,
die vor Dir nur die Schlechten hatten.

Mit Vieh und Wagen kommst Du an?
Den Wege durch den Obergarten.
Hast Du Zeit und fragst nicht wann,
kannst Du auf den Herre warten,
schaust Dich um – hinab zum Rhein,
siehst Du wachsen deutschen Wein!

Entlang des Flusses – an der Helte,
wirst Du gewahr, was ist die Zeit.
Es fischte dort der alte Kelte,
und wuschen Germaninnen ihr Kleid,
Römer pflanzten, pflückten Wein,
in Frieden ist hier gutes Sein:

Drum störe nicht des Burgessegen,
sonst folg' den Eseln, auf ihren Wegen.
Der Esel ist ein gutes Tier:
Stark und stur – bleibt er bei Dir.
Bedenke stets bei allem klagen,
er möchte Lasten für Dich tragen:
Drum gib ihm Wasser, Heu und Stroh -
es hält ihn bei Kräften – macht Ihn froh.

Das Leben umher blühe grün,
stark mit rotrem Kreuze,
auch wenn die Vögel lauter schrien,
es sind keine Käutze,
die künden Dir von nahmen Tode,
doch von einem gerechtem Kode.

Es ist Gesetz: Der jüngste erbt,
und dies beim Grab des Alten,
auch wenn die Nacht das Antlitzt kerbt,
sollst Du in diesem Sinne walten,
der Dir gegeben und geschrieben,
Du sollst auch den Feinde lieben!

Doch dieser muß voll Werte sein,
und der Gnade würdig,
sonst passt er in den Molloch rein,
und endet wie der Molche – niedrig:
Sein Bein ist Dünger für den Klee,
sein Namen sei vergessen – jee!

So möchte auch der Hugo sagen,
der Krieg mit Franken ist ein Mord,
damit die Banner zusammen ragen,
an jenem heilgen Ort,
der uns als Brüder hat gezeigt,
es erblühe hier der Palmenzeweig.

Die wie wir gewohnt zu leben,
an Maas, Rhein, Mosel, Ahr und Saar,
trinken die Sonn` als Saft der Reben,
ist und Bruderliebe wahr,
kann nicht Gold noch Silber wiegen,
wird so Gott vor Habgier siegen.

Ist doch auch der Angelsachse,
gebrütet als Germanenstamm,
und der Rauhe von der Küste,
ob er dass nicht selber wüsste,
von teutschem Erbe auf dem Damm,
ißt er auch eher Käs` und Lachse.

Darum Herz der Heimat,
schau auf Dich – und wachse!
Die Forelle nährt den Fischer fein,
mit Brote und mit klarem Wein,
kann es Dir satte Speise sein.
Doch kommt die Weise aus dem Buche,
das nicht allein der Magen schmerzt,
denn braucht die Seele und der Kopfe,
auch was – das ihn wirklich herzt!

Auch Mefried wusste um die Schönheit,
die ein Kleid dem Manne gibt,
doch eher ist es Mannesfreiheit,
und was an Sträke aus ihnm fliesst!
Wenn das rechte Licht die Tat begleitet,
entscheidet sich, was gut und leidet.

So folgt der Graf dem Barbarossa,
in das Heilge Land am Meer,
Hitze steigt in Landriano -
starb der Mann vor seinem Heer,
bleibt doch die Tat um Gottes Willen,
und die Erinnerung an ihn sehr.

Ist der Glaube an die Einheit,
aus Vater, Sohn und Heiligem Geist,
eine Gunst zur Menschenfreiheit,
die im Guten unterweist,
was Hadwig und auch Bischof Arnold,
wichtiger waren als Beutegold.

Siegfried ist ein Vater sicher,
wohlbedacht mit Kron und Thron,
bleibt die Frage – nach dem Sichler,
der für einen Judaslohn -
tötet schon das Kind im Leibe,
das der Falsche werd` und bleibe!?

Ist nicht zu klären, wer es dann,
soll Muth und Tat entscheiden,
aber nicht nur was er kann,
auch wie er es tut – bei Leibe!
Strömt aus seinem Herzen Neid und Hass,
sicher ist auch Straf`, im rechtem Maß!
Auch wenn Sie verspricht Dir Macht,
es zeugt von einer Niedertracht,
willst Du dennoch begehren -
eher dem wahren (!), Dummen lehren,
soll die Hexe bei Dir kehren,
gibst Du der Falscheit keine Acht:

Und dies zu meiner Lehre:
- der Lüge immer wehre!
Der Pfau, der ist ein schönes Tier,
begeistert Mensch und Weibchen,
mag leben schön, hier – und in Trier,
und glänzen mit sei´m Leibchen.
Und wenn ich tu wie dieser,
denkt mancher noch viel mieser.

Begrenzt von Rur und Wurm,
wässert der Lieker Bach,
die Heimstadt Phillipps rundherum,
ist der Erzbischofs´ Hausgemach –
das er hält seit langer Zeit,
und beachtet jeden Feind.

So lernte er in Köln und Lüttich,
was ist gut und richtig,
und er schrieb dem Bürger auf,
was er nimmt für sich in Kauf,
beim Handel und im Streite,
sprach selbst Recht und einte.

Köln blieb im Kaisers Lehen,
im Gewicht mit Hennegau,
wollt´ es Barbarossa sehen,
und der Herre war wohl schlau,
mit Luxemburg und mit Namur,
zum festen Tau die Schnur.

Nicht mehr als Münz-Rivalen,
mit Aachen, Duisburg, Aahlen
die warben und nicht zu stahlen,
schaut die Domspitz nach Westfalen, –
um zu sichern Burg und Fried,
und den dummen Kampfe mied.

Auch der Papste Alexander,
sagte Heinsberg dies´ zu,
das man handle miteinander,
und nicht fehde um den Schuh,
damit erblühe das Rheine-land,
brüderlich und Hand in Hand.
Es ist ihm hohe anzurechnen,
das er wollt nicht gegen Frankreich fechten,
und das er mit dem Löwensohn,
fand friedlich einen Ausgleich,
stellt sich schliesslich unter Kaiserskron,
und hält sich fest an Gottes Reich.

Wenn des Fürsten Sinn ist milde,
baut er den Dome mit dem Schilde.

Der Löwe ist ein mächtig Tier,
und jagt Gazellen im Revier,
umgeben ist er von der Weiber Schar,
die ihm Löwchen viel gebar,
hat sie zum reißen scharfe Zähne,
kämmt ihm damit die "tolle" Mähne.

Haus, in Stein und Stamm gewachsen,
greift dich die Falle auch in den Hacksen,
sind dreie bei uns eng verwoben,
gehören zu uns wohlgeboren,
sie bilden im vierten ein gutes Heim,
soll immer wäremend Feuer sein.

Stein für Stein gebaut den Hain,
wollt Gerdhart Burges Eppstein sein,
findest ihn als Herr im Maingau,
Im Taunus, Spessart – Westerwald,
willst Du da wildern – bist nicht schlau,
findest sieben Höhen bald:

Bolanden, Wied und Isenburg,
jagen gerne jeden Schurk,
Hohenfels und rechte Nassau,
fressen den Brat der wilden Sau,
geschmort am Falkensteiner Spieß
bei Katzenellen – wenn du fies!

Und zu dem Mahl gesellt sich gern,
der Breuberg Rittersleut und Herrn,
Timberg lässt es sich auch nicht nehmen,
bei dem Gelage ein Horn zu heben,
serviert wird von der starken Mieze,
der volle Krug - am Tisch - dem Dieze.

Beinahe sehe ich von der Ore,
bis auf Rheinecks Turm und Tore,
es war der Otto von der Salm,
der an den Mund vom Vinxtbachtal,
sich nahm die Hohe Burg zur Wahl,
und pflegt und hegte jeden Halm.

So ist es wohl ein treuer Sohn,
gegerbt zum Erhalte diesen Thron,
wurd´ es zum Sitze von dem Loon,
und als beweise was er wählte,
was der Geist hier saete,
er Gottes Wort erzählte!

So sehet hier in eppen Stein gehauen,
das sich edele Mannen stetig trauen!
Der Schwan ist wohl ein edles Tiere,
und schwebet über dem Geviere,
bleibt er im Herzen bei seinem Weibe,
wenn er es auch mit andern treibe,
dient es dem Werk aus lieben Stein,
und damit allem edelen Sein!

Als der Brun ein Grafe war,
wurd Colonia zur Kur,
und bis zum Rolandsbogen sah,
er Burgen ohne Zahl,
wie Perlen an der Schnur,
säumen sie des Rheines Tal.

Burgunder schleiften Rolandseck,
ein Beben lies nur das Licht und Herd,
so war es Droh` und Schreck
für die Frau von Nonnenwerth -
und allen uns das eine lehrt -
keine schlechten Geister weck!

Auf Wotansstatt bautet Frankenkraft,
die Godesburg für den Hengebach,
und Jülich, auch Hochstaden,
besserten jeden Schaden,
das die Wotansburg auch heute steht,
und der Steine nicht vergeht.

Wenn aber Waldburg schlichter,
den Glauben leben wollt,
in Ehe mit Mansfelds Tochter,
sei es ihm wohlgezollt,
den einfach beten muss,
wer am Glänzen hat verdruß.

Wenn dem bayrischen Katholen,
der Schlichte ist ein Dorn im Aug,
sei es dem wie gestohlen,
der dem Geld nur getraut,
drum schütz´ sie heut´ auch Preußen,
die Burg – und was Geschlechter heißen.

Zum Schutze guten Lebens,
steht auch die Wolkenburg,
und steht sie nicht vergebens,
gegen Lug und Trug gebaut,
als Feste für das Sein:
Dem Redlichen verzeihen.

So ist und bleibt´s dem Löwenzahn,
gegen aller Goldes Größen-Wahn
Der Drachenzahne ist gefräßig,
verschlingt sein Schlund die Hab´ unmäßig´,
auch wenn fromme sei Dein Tun,
jagt er Schlecht ohn' auszuruhn,
- ist, was Du claust den Rechten,
nicht wie Siegfried willst Du fechten.

Doch denke an des Töters Ende,
ein Speer durchbrach ihm seine Lende,
weil das Kreuze zeigte an,
wo seine Haut war dünn,
durchbohrte des Verräters Lanze dann,
den Recken ohne Sinn.

Dem Bad im Blute folgte,
das Blutbad unter Brüdern,
und bei dem Klang der Laute,
singt das Volke Lieder,
dass es sich nicht lohne,
zu stehlen eine Krone.

Denn strab der wilde Drach´ -
oder gab er Xanten Dach und Fach?
Wem dient ein solches Viech?
Im Nebel liegt der Sieg,
der Verrat dem Einen bring´ -
tragend Kron und Ring!

So schaue ich auf den Are,
still gleitet er zum Maare,
schaut auf den kühlen Bogen,
den hat die Ahr gezogen -
will sein nicht Fleischer Ware,
dem sei ein Tuch gewoben!

Wo Vater Staden legt sein Bein,
will treu und ehrlich bleiben,
und vor Gebote aufrecht sein,
ertragen, christlich Leiden,
mag es dem Merowing` genauso gehn,
soll er im Glauben Lichte sehn.

So steht ein ganzes Münster,
fest bei der Christen Kreuz,
und Licht wirft durch das Fenster
damit es die *Süder* reut,
Schutz ist mir Schild und Schwert,
in eines Bettler Kleid.

Drum senke - und drum beuge ich –
und weil ihr glaubt – nur vor Gottes Trohn -
Knie und Haupt und Angesicht.
Der Aar, ist ruhig und auch sehr leise,
schwebt - über engem Tal,
wohl ist er auch recht hell und weise,
fliegt mit der ganzen Schaar,
zu schlagen die Ratt´ im Grase,
und frißt wie der Milan – das Aase!

Frag´ mich nicht was schön,
doch scheint mir ganz appart,
die Eck an Hunsrück Höhn,
wo Konrad der von Boppard,
sich für die Burg entschied,
und Schloss bis heute blieb.

Wie auf dem Phonolithendom,
lebt hier ein alter Stamm,
seit über tausend Jahren schon,
und namentlich gegeben dann,
nach dem Orte Reizen,
und bauen mit ihrem Weizen.

Es stritten mit offenen Visier,
in Ehe - mit der Steckel,
zu bleiben im Rheinlande hier,
selbst nimmt als Zehnt den Scheckel,-
erhielt in Worms die Weihe,
als Bischof mit dem Stecken.

Balduin, der heute klüger,
war in Fehde oftmals Sieger,
weiß, das Streite Leben kost´,
und nicht nur Gold in Säckel springt,
wenn er mit der Eltze ringt:
Frieden ist mehr der Lanzenrost!

Mit dem Kempen in einem Bund,
und mit Reichsfreiherrn geschworen,
tu´ ich jedem Verräter kund:
Wirst nicht nur in der Hölle schmoren,
– gefressen wie `ne Sau – wer lacht?
Grüßt Dich fromm - von der Hohen Acht!

Es mag wohfeil und sehr genehm,
mancher mag das Schleifen,
bleibt Uebermuth nicht ungesehn,
wird Eitelkeit noch reifen!?
Will Lahnstein über Leichen gehn?
Rauben? – Dem werd ich helfen!
Ist das Ziele ohne Grund und das Tuen harsch,
setzt sich auf den Gieresschlund,
prompt ein weiser Arsch!

Stehst du am Ufer der Lahn, ist es leicht zu finden,
fährst auf dem Flusse lang, siehst Du Martinsgang.
Das Rade vor dem Kreuze – wer wollt es neu erfinden?
Dem Bettler Demuth künden, den Anderen eher schinden.
Es ist dem christlich Gebot, die Not - dem Mann zu lindern,
und nicht damit zu schmücken, - betonen eignen Rang!
Bleibt Schmerz darum auch Strafe, sei es denn – wie beim Schafe!

Das Schaf ist halt ein frommes Tier,
ein Bild für gläubig´ Christen,
stürmt es – steht es vor der Tür,
den Stalle darf Du misten!
Scheerst Du die Wolle, Dir selbst zur Hilfe,
siehst Du in mancher Herd die Wölfe.

Ob Du nu´ Kathole bist,
oder lieber Luther liest,
mag heut´ kein Grund für Krieg,
30 Jahre ohne Sieg -
haben es beweisen:
sollt nicht auf eure Brüder schießen.

Hat Baudissin an der Brohl gewonnen,
vor allem eine Einsicht,
ist der Sieg denn bald zeronnen,
wenn man gegen Mühlen ficht,
wird das Mäuerchen gar licht,
und das Herze ist ehr beklommen.

Auch neun Jahr Franzosenkampf,
weil die Pfalze im Erbstreit lag,
endet mit einem Krampf,
und das Lande nieder lag,
richet Sourdis selber auf,
was zerfiel in Schlacht und Rauf.

So ist Sie heute ein Symbol,
für den Wanderer und den Bürger,
das Fehden ist am ehsten Hohl,
geht es gegen Brüder --
mahnt der Turm und seine Leichen,
übe Tugendliebe als ein Zeichen.

Denn nicht weit von diesem Hain,
strahlen der Eifel-Augen,
sie zeigen Dir den Sonnenschein,
und schattige Uferlauben -
findest Du Ruhe zum Gebet,
wenn Du zum Laacher Kloster gehst:

Kehr ein, ins eigne Sein!

Es sind der Ritter Tugenden,
zu sein Gerecht und Klug – mit Maß!
So tat und tue er aus liebendem
dem Menschen was er las,
im Buch der Bücher – und seinem Kodex,
es kommet jedem zu auch Ihm
im Denken und Benimm.

Felsenteil

Ich schneid´mir aus dem Felsen,
den groben Blocke passend,
und lass´ an seinem Platze,
ein klaffend tiefes Loch!

Gewachsen ist der Steine dort,
der mir so gut gefällt,
und weiss nicht, was es sonst werde -
noch ob mein Wunsche hält,
stampf ich doch nicht aus der Erde,
daraus zu schaffen Heros,
noch ist es nur die Scherbe,
will ich mir machen Eros,
wie der Meister vor mir tat -
bin sicher - dass es fügt
und dem Belang´ genügt -
nur schleppen in die Werkstatt,
kann ich den Riesen nicht.
Ich brauch dazu die Helfer,
die warnen vor dem Spalt,
der sich da nun öffnet,
in dem Berge alt:
Wenn das nun jeder täte,
es war Dir nicht erlaubt,
sind wir Dir schon Gehilfen,
die von der Natur geraubt.
Zudem gehört dies Einem,
der es nicht gerne sieht,
er wird wohl heftig weinen,
wenn dort ein Stücke fehlt,
dass wir dort herausgebrochen.

Sie warnen vor den Rissen,
die sich herüber ziehn:
Mir sind es eher Masern,
die auf der Nas´ erblühen -
und will ich auch nicht missen,
ich flick´ es sonst mit Fasern -
wenn das Bilde - ihr versteht:
Geworden durch meine Hände,
ich form die schöne Lende,
und wenn wir eilen – bald ensteht,
– Vollkommen – "ohne Ende".

Es kracht – und ächsen tun die Stämme,
gequetscht von der Tonnenlast,
über Weg und Dämme,
rollt über sie, mit eifrig´ Hast,
und Müh´, die ganze Nacht:

Stund´ für Stund ´ – hat keine Rast,
der Eichbalk scheint zu Schaden,
mit angestrengten Waden,
gewechselt wird dies Holz.
Bewegt das schwere Stück der Höhen,
noch ein paar Meilen -
nicht verweilen:
als Grundstöck für den Schönen.
Es schmerzen euch die Knochen?
Mir ist dabei nicht Wehe,
ich auch am Anfang stehle?
- Ans gute Ende sehe, -
bild euch ein – es sei die Höhle,
vom Wetter ausgewaschen.

Mir scheint es schon als Säule,
die trägt auch euer Joch,
der lebt doch mit der Keule,
der Meister von der Kluft,
der mit den Stoff nichts macht,
hat er doch wirklich durft,
ich hab daran gedacht,
der wedelt doch nur Luft,
und fällt bald in den Schacht -
wo ich tat den Hohlraum,
hinab mit seinem Tagtraum,
von eigen´ gewachsener Natur,
nichts tun - und dabei stur!

Nun richtet mir auf den Starken,
in den Himmel - an diesem Ort,
wo ich benutz mein Werkzeug,
zu schlagen immer fort,
was mich stört am groben Ding.
Ihr könnt da draussen warten,
und höret immer: Kling, kling, kling -
ist es meines Schaffens Sinn,
schön wird mir dieser Klotze – geraten,
gemach für meinen Garten.
Nun seid mir alle Zeuge,
ich zeig´ in tages-schaffen,
dass ich den mir heftig beuge,
mit Muße und Geschick -
und es dem Meister zeige,
es sei zu seinem Glück -:
was ich gelernt im Jahr!

Abgeschaut und nachgemacht,
sein bester Schüler war,
auch wenn er es wohl nicht gedacht,
als er tief auf mich sah -
mit seinem lichten Haar.

Soll er es noch erleben,
der Suff zeichnet ihn schon,
die Leber ist geschwollen,
bekommt er kaum noch Lohn,
wird er wohl eher grollen,
denn seine Stätte werde mein!
So ist es nun mal im Leben -
so soll es wohl auch sein -
und hämmert immer weiter,
und hangelt an der Leiter:

Da rutscht ab die Sandale:-
Sie fällt zehn Meter tief,
mit dem Kopfe auf Kies und Schaale,
und Blute aus ihr lief:

Sie nicht mehr Hilfe rief!

Und keiner kam gegangen,
der ihr steh´ zu Seit´,
die Helfer schon von dannen,
mit Staub in ihrem Kleid,
liegt Sie da alleine,
gebrochen Haupt und Beine.

Der Meister hat´s vernommen,
sieht auf das steil´ Gerüst,
bist wohl zu hoch geklommen,
* - und ihre Stirne küsst,*
legt sie auf seine Stelle,
nah´ an dem warmen Herd,
und schaut im Stein die Welle:
War Dir der Mensch das wert?

Woher hattest Du die Taler,
zu zahlen solchen Brocken,
doch soll es so sein – will weiter tun,
die Arbeit darf nicht stocken:
Nich essen, trinken – und nicht ruhn,
mag es Dein Gedenken halten,
die Welle sei, Dein Faltenwurf,
die Höh´ – wird bei den Alten.

Der Mond wird voll ein dutzend mal,
begraben ist das Weib,
und hoch darüber steht ein Mal:
"Weil ihr ein Schüler seid" - !
Da - Tränen laufen aus dem Aug´,
als er den Donner hört:
Zerbrochen ist da im Zenith,
das Andenken zerstört!

Es liegt am Boden ein Felsenteil,
umspült von einem See,
und gehst Du aufwärts, den Bach entlang,
entspringt mit vielem Weh:
Die frische Quelle aus jener Schlucht -,
es trinkt daran ein Reh!

Es äst das Reh im Morgengraun,
an Waldesrande - im Neumonddämmer,
und will die Eule die Maus beschau´n,
älter, wollig – sind die Lämmer.

Das Novemberrot, der hohen Nebelschwaden -
beschienen, von des kühlen Tagesfrühe,
trocken – will es dem Keimling schaden,
trotz aller, steter Schweißesmühe

Schwach nur ist der Sonne Kraft,
der Reif weicht nicht vom Grase,
und was das Lichte schwerlich schafft,
frißt am Mittag – noch kühl - der Hase.

Eingebracht ist schon die Wintersaat,
der Engerling schläft tief, unter der Narbe,
der Specht klopf leise noch am Staab,
Die Biene ruht in ihrer Wabe.

Kein Tropfen fiel in diesen Wochen,
der Schmelztau ist der Meise Trank,
dem Pilger schmerzen seine Knochen,
und gerade will er – das er nicht wank´.

Der Spatz pickt kess, die Hagebutte,
süß - der Apfel, am Stamme hängt,
Novemberwärme – in der hölzern Hutte,
der Fuchs sich in den Baue drängt.

Die Mittagsglocke kündet Weile,
der Falck´ vom Kirchenturme fliegt,
kürzer ist in der Luft die Meile,
die der Wind zurückgelegt.

Die ehrlich Arbeit, von der Hand,
um zu schaffen täglich´ Brot´,
und tut es einer mit Verstand,
so sei sein Lohne, solch´ein Gut.

Den ganzen Tage - vor und nach,
ist frohes Schaffen wohl getan,
und sei die Stunde, ein Werk gemach,
so ist sie Muße – nicht vertan.

Am Abend mag sie wohlig scheinen´d,
Wärme aus dem Stub´kamin,
der Familie sei sie hell-anheimelnd,
und das Worte gebe Sinn:

Das die Natur ist unbezwungen,
sprechen da auch andere Zungen,
doch das der Drange mit Verstand verwendet,
der Mensche sich das Schicksal wendet!

Auch gegen Geld und Tracht und Triebe -
Gott gebe Dir die Macht der Liebe,
das Du sie hütest und bewachst -
und kein Händel damit machst,

sie dient der Schöpfung und den Leben,
und ist dem Golde überlegen,
so siehst Du eifern manchen Mann,
und manche Frau – denkt dass sie kann,

kaufen mit der Münz das Herz,
es ist ein zugelassner Scherz,
das der Teufel treibt sein Spiel -
mit dem der ohne wahr` Gefühl -

das seinem Sein und Sinn gemäß, ...

Vorgeblich

Wo ist das Heilige Land,
wenn nicht im Inneren Sein,
das hörende, das sehende Herz -
ist dem Heiland verwandt:-

des guten Wortes Wert ist fein,
erfülle den Verstand,
liebt nicht allein,
es vermeidet das Leid -

der Vorgeblichkeit.

Seinerzeit

Was willst Du -?

Du Herr des Geldes,

der du zu bestimmest meist

arm und reich,

keiner ist dir gleich,

darin. Du weinst?

Ein Herr, der Hunger macht,

und Unmaß zeugt - und Völlerei,

dir ist das Leben einerlei.

Was ist dein Dasein –

- wen nur die Münze gilt!?

Umschleicht -

dein prachtvoll Haus -

dünkst

das dein Leben leicht?

Der Schimmer!

Das Herz verdorrt -an diesem Ort.

Es wird ehr schlimmer.

Verzichten darauf – könnest Du,

das Wie des Mammon - das verehrest Du!

Was Du gelernet lebenslang, ist nur -

wie man Lieb´ und Leben

nehmen kann!

Du Sinn des Scheines,

nicht der Geist im Licht - du Ding der Macht,

getrieben bist -   ...

es wird dich ringen - was Du willst -

das, womit du dein Dürsten stillst!

Halt Dich bereit -denn Seinerzeit!

Vor-lieben!

Red´mir nicht ...
von Allerei -
kann sehen Deinen Willen,
Vorlieben -

bist Du mir nicht einerlei
im Spiele, sag´ich
können zwei,
ihr Begehren stillen.
Mir ist Dein Leib,
ein Lustobjekt,
den will Ich! -

und Dich nicht kränken,
benutzen, zu dem einen Zweck,
und Dir Wonne schenken.
Schreckt´s Dich,
wenn ich von Lust nur schreib,
und von triebhaftem Miteinander?

Warum ich mich gerne an Dir reib´
nicht neide einem Andern.

Es gönnt die Leidenschaft Empfindung,
und nimmt sich, was sie braucht,
leicht, lustvoll – und nicht schwer
indem sie heiß und gierig haucht"
"das ist geil – komm, gib mir mehr!"

In diesem Sinne
mag ich Dich:
sehen – und -
verstehen!

Gott ist es!

Ist Gott "ES"? Ist Es Gott?

Es ist Gott!Gott ist ES!

Als Es den Mann erschuf -

wollte Es ihn!War es Sie?

Hat Sie ihn gewollt?s

Hat Sie es gewollt?

Wollte Sie ihn so: -

tumb, hart, gewalttätig?

Was hat Es gewollt?

Als Es den Mann erschuf -

wollte Es ihn!

So wie Er war – und wurde?

Ganz wie die Erde, wie das Feuer, das Wasser - die Luft!

Als Gott die Frau erschuf - wollte Es Sie?

Ganz Natur - für ihn - für Es -für es -?

Warum?

Was Es wollte -

mit Allmacht -

aus Einsamkeit -

die Zweisamkeit -

eine Dreisamkeit -

die Dreieinigkeit -

das Vierte – war es nicht!

Sei es nicht?

Ist es der Vierte, die Vierte?

Ein Viertes - oder Weiteres?

Gott wollte es?

Wollte es Gott?

Wollte Gott es?

Gott will Es!

Nichts

Nichts: Ist nicht Etwas.

Keine Materie ist Nichts,
aber denkbar, weil nicht Nichts,
ist also Etwas in Vorstellung.
Nicht in der Vorstellung,
aber Etwas: Ist!

Ist Etwas nicht! Materie
und nicht Etwas -
und nicht Nichts,
ist es nicht: absolut!

Etwas ist,
wenn es nicht nicht ist,
und nicht nicht Nichts,
wird aus Nichts Etwas,
wenn es sei,
im Selbstbezug,
weil es gedacht,
oder wurde,
damit es werde!

Etwas wird Nichts,
wenn es nicht Nichts ist,
aber: nicht sei,
in Bezug auf Etwas,
was ist,
damit es vergehe:
In Bezug auf Etwas,
und dem Selbst!

So ist etwas - was werde gut,
wenn es ist und sei zu werden,
und vergeht, wenn es sei
zu sterben:
Ist etwas,
weil nicht Nichts,
aber nicht nicht Nichts,
wenn es widerspreche,
dem Leben:

Nichts:

Ist nicht Etwas?

ist nicht Materie,
nicht lichter Schein,
nicht Tod,
kein ewiges Sein,
nicht nah, doch fern,
nicht lebendig,
nicht strebend, allein:
Kein Lot: messet hinein,
zu finden des Wesens
Kern.?

Denn es ist vermessen,
das Messen,
am Universellen,
denn endlich vergeht,
die Zeit im Nichts,
in Unordnung -
und bleibt Etwas
im Raum -:

Entschwindet -
verschwindet,
ganz weit,
das Ziel -
zu sterben,
mit der
Zeit.

Doch strebet
stetig
hinen
in den Urspunrg,
zu der Ordnung -
erneut,
in das
lebende
ewige

Sein!

Gesang am Hang!

Kennst Du den Verkehrer,
der kommt und singt,
der alles aus der Reihe bringt,
lügt und betrügt,
und sicher wiegt,
mit überzogner Stimme,
Geschreie,
und beliebigem *Benihmme* -
bringt er den zu Schanden,
der sich redlich müht,
der für sein Tun erglüht,
macht sich lustig,
übers Vermögen,
weil bräuchte Hülf -
und könnte nicht:
Lügen.
Doch da ist´s:
Es tue jeder,
es ginge nicht anders,
es seie eher -
eine weise Eigenschaft,
gar die best´ Errungenschaft,
eine Mittel ist´s – mit voller Stimme:
was den Menschen weiter bringe!
Warum ich da nicht mit Dir singe?:
Im Grunde das -
ist falsch gestimmt,
hoffe, dass man es vernimmt!
Ist dem die Technik,
für die eigene Sorge:
Wie ich mir den Gulden borge?
Und nicht bezahlen,
weil sei dann tot,
verbläst er jedes gute Lot.
Ist das am Leben,
um zu Lügen,
will damit das Mütchen kühlen,
das von Natur ist heiß,
es dünst der Schweiß -
und riechet bieder:
Doch Du siehest
falsche Lider -
hörest den Abgesang
auf Liebe,
verwendet der
des Menschen Triebe,
um zu schöpfen
von der anderen Sein -
sieh´auf sein Bein -
der ist´s - : Gemein!

Nein

Nein – seine Kreatur
sei angemessen,
darum sollte -
Dies noch sein:

der Gesang -
am Hang:

Wortverdreher,
Lügenmehrer,
Hehler,
Stehler,
Kinderquäler:
Falscher Lehrer,

Götzenehrer!

Vergeblich

Kannst Du Dich schmücken,
mit Gold, Silber und Bronze -
den Blick verrücken -
wetten auf die Chance?

Dich kleiden in Seide und Samt,
Geschmeide aus Perlen und edlem Stein,
die beglänzen das Wesen so klein.

Tust Du so – weil es gefällt,
die Hand des Begehrten bewegen,
diese Form, den Charakter bestellt,
das Gemüt durch Leidenschaft erregen,
den Gedanken für Dich bezwecken.

Sich in Bilde zu setzen,
zum Gelde zu hetzen?
Ist es erlaubt, das dieses geglaubt?

Was suchst Du -

Dich im Außen?

Unschön

Warum –

hast Du mich belogen,

hast die Wahrheit umgebogen,

die Sache falschherum bezogen -

mittels Logik gar betrogen?

Deine Schlüsse scheinen klar,

man habe dabei keine andere Wahl,

Sinn und Beweis kommt durch die Zahl -

es seie – wie das Auge sah!

Eine Täuschung ist perfekt,

wenn kein Mensche es entdeckt,

das in der Rechnung Lüge steckt,

mit dem Worte - ausgeheckt!

Bauest damit ein System,

das dem mehret Gelde angenehm,

doch was genauer ich aus Deinem Tun vernehme -

ist – warum ich mich so schäme:

Von dem Modder angezogen -

dem rüch´gen Schwaden faulen Fleisches,

sind kleine Keime vom dem Schmeiss -

sie mehren sich in frischem Scheiß -

nähren sich vom guten Laich -

und immer fetter sind die Larven,

schlüpfen dann an schönen Tagen,

auch wenn sie in Erscheinung hagern -

miese Fliegen, zum weiteren Schaden -

nicht das Selbe, ähnlich – gleich -

am Ende sind sie alle reich -

pure Geilheit – macht sie heiß:

klammert mich an meine Wade,

sieh wie Schade – eine Mhade!

Jedereiner

Ihr fürchtet den Kriege,
kenn Ihr seine Waffen?
Was tut Ihr dran -
kannst Du ruhig schlafen?
Der Menschen Lüge,
geht voraus, voran!

Der Eine will -
des Anderen Gut,
und koste es -
der Besseren Blut.
Kann Du sehen am Motiv,
was da vor der Tat herlief.

Es schreckt den nicht -
der Tod -
das wird ja höchst in Gold gelohnet,
und schlägt Gott ins Angesicht
ohne Not -
weil der Hasse innewohnet.

Nicht nur die Gier -
auch das Talent,
ist – was der dem Andern neidet -
er ist jetzt und hier -
nicht, der es verkennt -
und am Leide sich da götzt und weidet.

Hauptsache, dass der hab´,
was kümmert die Intrige,
das treib ich ab,
wenn ich betrüge,
wen kümmert meine Lüge,

Ehrfurcht vor der Liebe?

Mit Worten und im Tun,
mit Gesten und im Bilde,
führt der Schlecht,
die Täuschung selbst im Schilde.
Nicht zum Schutz der Wahrheit fährt,
aber zu beliebgen Freiheit, unbeehrt!

Es ist dem Jedereiner
subhumanoid,
und seiner ist nur Meiner,
den höheren kenn´ der nicht -

doch vor dem Leben?

Landesliebe

Dort, wo Du bist geboren,
wo Mutter Dir gegeben,
Dich Vater streng erzogen,
dort willst Du sein und leben.
Wo Du im Bacheslauf,
mit den Fischen hast gespielt,
Du sprangst den Berg hinauf,
der Freund die Hand Dir hielt.

Dort, wo mit Pfeil und Bogen,
dem Reh hast nachgespäht,
wo Dir das Herz gewogen,
und Du das Korn hast ausgesäht.
Willst nicht mehr von da weichen,
wo Tannenduft das ganze Jahr,
und die festen Eichen,
Linden stehen wahr.

Dort wo in ganzer Nähe,
Gott Reben wachsen lässt,
und das Auge stetig sähe,
der Vögel Fühlingsfest.
Dort hast Du fest gewurzelt,
bist Jüngling noch – und fein,
bedeutet Dir die ganze Welt,
und hast ein Liebelein.

Drum möge es so bleiben,
an jedem Morgen neu,
die Arbeit hier mit Freuden,
die Liebe in ganzer Treu.
Auch ich geh´ nicht von dannen,
nicht suchen das Geschick,
das Falsche aus den Kopf mir bannen,
und wahren hier mein Glück.

Ist dann ein Tag mal über,
dann schenke ich ihn Dir,
das Du mir bleibst – mein Lieber,
für immer auch bei mir.
Und bettet mich einst das Moose,
und liegt Kühles in der Luft
so leget Eich und Rose -
hinein in lichte Gruft!

Das was ich bin und werde,
kommet aus Quell und Erde.
So ist meines Vater Wollen -
lieb´gleich auch meinen Sollen!

Erscheinung

Es ist
das Worte eilig,
das ruft zur Revolution.
Doch ist
die Sache heilig -
ach´ – das kennt ihr schon?

Was dem Menschen eigen,
das soll ihm auch so sein,
sich nicht vor Götzen neigen,
ist´s auch ein goldner Schrein!

Den Sinn darin erkennen,
dann ist die Ehrfurcht recht,
will Dich dann Herre´ nennen,
dann bin ich gerne Knecht.

Doch mach´ ich mich nicht zum Sklaven,
schnell verlierst auch Du Dein Selbst,
will´s immer wieder haben,
Du dem die Stange hälst?

Nein – so ist das Wider gut getan,
wenn Du am Ende siehst,
das Leide durch den Größenwahn,
und gut – wenn Du nicht fliehst.

Du stehst da für die Wahrheit ein,
für das, was bei Dir gilt.
Auch wenn Dich eine Masse schilt,
kannst gegen Lüge sein.

Das Leid willst Du ertragen,
für das Worte, was gesagt,
tust dabei gar nicht verzagen,
weil Du die Liebe wagst.

Und wenn die ganze Herde grölt,
und ins Verderben rennt,
siehst Du das da wird was ausgehöhlt,
und man das Ziel verkennt.

Muss nicht einmal der Hammel sehen,
dass er führet in die Schlucht,
soll denn ein ganzes Volk vergehen,
weil er sein Land noch sucht?
Gesegnet sei der ruhig und leis´,
der zu wiegen weiß das Gut,
drum ist diese Rose weiß!

Um Neune in der Früh

In der Früh, um halbe sieben,
Kaffe kochen für die Lieben,
schnell zur Straßenbahn gelaufen,
vorher noch ein Brötchen kaufen.
Steht im Landen um halb neune,
das Make-Up gibt leichte Bräune,
sitzt der erste mit `nem Bart
und aus seinen Ohren harrt´s.
Haare schneiden jeden Tag,
Köpfe waschen für ´ne Mark,
dann – schnell kehren – nächster Mann -
´tschuldigung – die Frau ist dran.
Dicken Fuß von langem Stehen,
rote Finger vom Wickler drehen,
etwas Harrspray – damit es hält,
und 20 Pfennig Sondergeld.
Funfzig Kunden in einer Schicht,
hat an den Händen eine Gicht -
um 8.30 Uhr fängt sie an -
bis halbe sieben, wenn sie kann.
Kommt nach Hause um Zwanzig Uhr
und ihr Liebster stellt sich stur,
die Kinder quängeln ringsumher,
20 Jahr – sie kann nicht mehr.   *Denkpause*
`Gerade Neune in der Frühe,
Johann – der Buttler – gibt sich Müh´ -
die Frau des Hauses aufzuwecken,
Tee zu kochen, Tisch zu decken.
Mit Kravatte, weissem Hemd,
sitzt der Herr schon fein gekämmt,
beim Kaffe trinken – mit der Rundschau
Wasser, Knochen für den Wau-Wau.
Im Morgenkleid die junge Dame,
Johann gießt Tee aus der Kanne -
um halb zehn geht's zum Massieren,
und halb Zwölf dann zum Flanieren.
Trifft dann Toni – ihren Hausfreund,
der bei ihr den Garten aufräumt,
kauft die Tasche von Hermés -
meine Güte – was für´n Streß.
Und im Hause von Lacôste,
ein „Polo" für den Mann mit „Hausse"
ist um dreie in der Villa -
denn um vier komm Freundin Tilla.
Reden über Gott und Erde,
was wohl aus ihrer Jüngsten werde,
um halb sechs geht Tilla: „Bussi"-
nach Haus zurück mit Kätzchen „Schmusi".

Neune ist´s – der Mann kommt wieder,
öffnet selbst im straffen Mieder,
etwas Verdi für´s Gemüt -
bis halb Zwölf wird heiß geliebt.
Noch den „Grass" zur sanften Ruhe,
vor dem Bette warme Schuhe,
leichtes Schnarchen stört die Stille-
Frauchen nimmt noch eine Pille.
Noch röchelt´s, dann kein Atemzug -
kein Herzschlag mehr – sagt Dr, Klug,
der Manager liegt kalt und steif -
das Töchterchen hört „live is live".

Jedes Leben in der Stadt,
wer Arbeit oder Muße hat,
ist wohl erregend und auch nett -
friß nicht zuviel, sonst wirst Du fett.

Den guten Morgen grüßen !

Will jeden Morgen grüssen,
jede Blume am Wege giessen,
der Liebe will ich nachgeben
jeder Schluck soll mich zweimal durchfliessen
und immer weiter, immer heiter
den guten Vorsatz schliessen,
keinen Freund in den Winde schießen.
Möcht jeden Tage leben,
 die schönen Dinge sehen,
 den größten Schatze heben
 jeden Wege zweimal gehen
  und immer weiter ,immer heiter
jeden Mittag küssen,
nicht einen Menschen missen.
Soll der Nacht entgegen streben,
dem Bettler Brote geben,
ein gutes Tuche weben,
jeden Fluß mehrfach durchwaten,
und immer weiter, immer heiter
die Geschwister lieben
keine Ruh`- verschieben -
bis zur letzten, die mich ereilt,
im Himmel droben,

will ich für meine Zeit

auf Erden, – zur Nacht den Tage loben.

Wenn die Zeiten sich wandeln

Die Gruppen sitzen in den Kreisen,
steigend sind Zins und Kredit´,
es sprechen klug die Wirtschaftsweisen,
der Arbeitslose zahlt keine Miet´ -
die Interessen leiten alles Handeln -
und die Zeiten wandeln.

Der Bürger lebt längst im Privaten,
und kauft sich frei mit teuren Marken,
das Geld kommt aus dem Automaten -
der Rundfunk sendet Spaß in Sparten -
der Zuschauer schläft ohne zu Handeln,
und die Zeiten wandeln.

Autos verstopfen die Straßen,
der Arbeiter schafft viele Stunden,
es wird verbraucht über alle Maßen,
der Kanzlerkandidat zieht seine Runden, –
auch er muss sich im Regen manteln, –
und die Zeiten wandeln.

Der Fischer leert das Meer mit Netzen,
Afrikaner hungern nach teurem Weizen,
die Hassprediger wiegeln auf mit hetzen,
mit Rapsöl kann man die Wohnung heizen,
die Wirtschaft will mit dem Triibune bandeln -
und die Zeiten wandeln.

Es können die Menschen sich einen,
Demonstrationen vor den Banken?
Weil Seelen und Körper kranken, -
Nun werfen sie mit Steinen, -
weil da welche nur schandeln, -

und die Zeiten wandeln.

Es ist Jedereiner handlen -

damit sich die Zeiten wandeln

Vergangenheit

Was bedeutet das Geschehen,
für den der liebt,
der gibt,
sein ganzen Leben,
für den Freund!
Was ist geschehen,
hast du –
gesehen,
willst du glauben,
was du siehst?

Wie ich kann

Du bist mein Haus, mein Hort, mein Leben -
drum will ich immer bei Dir sein,
wenig – doch was ich Dir kann geben,
ist mein Lieb, mein Leib – mein Herzelein.

Es soll sich immer mit Dir freunen,
bei meinem Glück und Sonnenschein,
werd′ dieses Worte nicht breuen -
mit Dir bin ich nicht mehr allein.

Hast erfüllet meine Seele,
mit Berührung die tief ist und weit,
ruf′ Dir zu aus voller Kehle-
bleib′ bei Dir auf alle Zeit.

Bin Dir voll und ganz verschrieben,
und ich halte mich daran,
in hohem Muthe will ich Dich lieben,

und tue es gut – so wie ich kann.

Nur für Dich

Nur für Dich -
greif ich nach der Sonne,
greif ich nach den Sternen,
greif ich nach dem Mond
und werde schlecht belohnt

Refrain:

**Da hat sie sich den Minirock, einfach angetan
ist damit, gerade mal, zum Heinz gegangen -
und hat, mit diesem lieben Nachbarn,
einfach was geiles angefangen.**

Nur für Dich,
hab ich blaue Augen,
hab ich rote Lippen,
und einen Moddelpo -
ich frag mich nur wieso?

Refrain

Nur für Dich,
trete ich auf der Stelle,
ess´ich Donauwelle,
laufe ich rundherum -
ich glaub´ – Du machst mich dumm!

Nur für Dich,
mache ich mir Sorgen,
will ich mir etwas borgen,
denke ich nicht an morgen -
frag´ mich nur warum?

Refrain

– warum geh´ich joggen,
mach´ ich mir lange Locken
stopfe Deine Socken -
– weisst Du , was Du kannst?

Refrain

Du kannst Dich mal recken,
und mich am Morgen wecken,
Dich nach der Sonne strecken, –
und mich suchen hinter Hecken ...
bis ich wieder komm, ...vieleicht!

Jeden Morgen   *Liedtext*

Musik: monoton

Punk / schreiend

Refrain
Ich glaub, ich glaub, ich glaub ich werde krank,
Ich glaub, ich glaub, ich glaub ich muß zur Bank,
Ich glaub, ich glaub, ich glaub ich setz´ mich in den Schrank,
Ich glaub, ich glaub, ich glaub ich steh am Hang.

Refrain
Ich bin, ich bin, ich bin nicht mehr bei mir,
ich bin, ich bin, ich bin auch nicht bei Dir,
ich bin, ich bin, ich bin auch nicht wie Ihr,
ich bin, ich bin, ich bin nur wie ein Tier.

Refrain
Darum, darum darum - trink´ ich deutsches Bier!

Refrain
Ich will, ich will, ich will nur noch das Eine,
ich will, ich will, ich will zwischen die Beine,
ich will, ich will, ich will – nicht mehr alleine,
ich will, ich will, ich will Dich – meine Kleine.

Refrain
Ich kann, ich kann, ich kann nicht ohne Licht,
ich kann, ich kann, ich kann - doch kein Gedicht,
ich kann, ich kann, ich kann – Du kleiner Wicht,
ich kann, ich kann, ich kann Dir ins Gesicht!

Refrain
Ich hasse, ich hasse, ich hasse den guten Mann,
ich liebe, ich liebe, ich liebe – was ich nicht kann,
ich neide, ich neide, ich neide was Sie hat,
er ist, er ist, er ist durch meine Tritte platt.

Refrain:
An jeden Morgen – denk ich nur an daran,
den ganzen Tage – sehn ´ ich mich nach danach,
den ganzen Abend – frage ich mich nur wann,
jede Nacht – träum ich mich daran -
und hoffe, dass ich Dich endlich
XXX kann:

Danke!

Zum Schluß

Wenn Sie dies gelesen haben,
was vom Fehlerteufel sahen,
tippelt immer voll Vergnügen,
orthographisch sind es Lügen:

Mag es nun ein falsches Worte,
sind die Lettern am andern Orte.
Hat gar der Duden widersprochen,
oder ist der Vers gebrochen,
ist das Maße aus dem Reime,
oder kündet es von Fett und Schleime,
beim Satz der auf den andern folgt:

Kommt es vor wie ungewollt.
Findet sich nicht deutsche Regel:
Was erlaubt sich dieser Flegel:
Dehnen, kürzen wie er will,
dieser Punkt da ist zuviel,
- dann können Sie - darüber denken,

und mir Ihr Verständnis schenken...   *-kpg- © 2009/2012-13-*